LES SEPT TÊTES DU DRAGON VERT

Charles Lucieto

(Teddy Legrand)

*Il a été tiré de cet ouvrage
25 exemplaires sur velin pur fil Lafuma
numérotés de 1 à 25.*

18

Ceux qui trouvent sans chercher, sont ceux qui ont longtemps cherché sans trouver.
Un serviteur inutile, parmi les autres

8 mai 2014

SCAN, ORC, Mise en page

LENCULUS

Pour la Librairie Excommuniée Numérique des CUrieux de Lire les USuels

TEDDY LEGRAND

LA GUERRE DES CERVEAUX

LES SEPT TÊTES DU DRAGON VERT

Avec 11 Illustrations dans le texte

PARIS

ÉDITIONS - BERGER - LEVRAULT

136, Boulevard Saint-Germain (VIe)

1933

ŒUVRES DE CHARLES LUCIETO

Dans la série
LA GUERRE DES CERVEAUX

- En missions spéciales   (1926)
- La vierge rouge du Kremlin   (1927)
- Livrés à l'ennemi   (1928)
- Le Diable noir   (1928)
- L'espion du Kaiser   (1929)
- La tragique affaire de Bullway Castle   (1929)
- Sampierro, gentilhomme corse   (1930)
- Les pirates de la Jade   (1931)
- L'espionne aux mains sanglantes   (1931)
- Le mystère de Monte-Carlo   (1932)
- La brigade des Loups   (1932)

Les Coulisses de l'espionnage International
LES MERVEILLEUX EXPLOITS DE JAMES NOBODY

- N° 1. — Un Drame au War-Office.
- N° 2. — Le Courrier du Tzar.
- N° 3. — Au pays de l'épouvante.
- N° 4. — La Louve du Cap Spartiventi.
- N° 5. — La Momie sanglante.
- N° 6. — Les Compagnons du Désespoir.
- N° 7. — Les Mystères de la Sainte-Vehme.
- N° 8. — La Fin tragique d'un Espion.
- N° 9. — L'Effroyable Drame de Malhem.
- N° 10. — Les Vengeurs d'Isis.
- N° 11. — Un Drame au Quartier général du Kaiser.
- N° 12. — Le Secret du Fellah.

PRÉFACE

Quelques semaines avant sa mort, *que rien ne faisait alors présager*, mon ami Charles Lucieto me disait soudain d'un ton grave, contrastant avec sa belle humeur habituelle :

— *Si je disparaissais prématurément — ce qui est toujours possible, car trop de gens ont intérêt à ce que je ne continue pas ma tâche — il y a un homme qui pourrait la poursuivre mieux que quiconque.*

Cet homme, c'est Teddy Legrand, actuellement je crois en mission spéciale à la frontière du Hedjaz, le seul qui ait réussi à damer le pion à la fameuse Mlle Doktor. S'il se décidait jamais à parler, que de dessous mystérieux de l'histoire contemporaine il pourrait éclaircir !!

Ce vœu de Lucieto, je cherchai à le réaliser *lorsqu'il eut disparu*, et j'écrivis à l'adresse qu'il m'avait donnée.

Ma lettre resta sans réponse.

Deux ans passèrent.

Et voici qu'au début de janvier, Teddy Legrand se faisait annoncer à mon bureau.

— Je rentre de mission, me disait-il, je viens de trouver votre mot...

Il fut récalcitrant d'abord, mais le vœu de son ami défunt, les arguments que je pus mettre en œuvre, le sentiment par-dessus tout qu'il accomplissait un devoir en mettant en garde l'opinion publique, tout cela finit par le décider à écrire le présent volume, document sensationnel sur les périls insoupçonnés qui menacent la paix du monde.

E. R.

PREMIÈRE PARTIE

Chapitre premier

La photo et l'icône.

La pratique du métier d'espion ou de contre-espion développe, dit-on, une sorte de sixième sens chez ceux-là qui ont l'habitude de « vivre dangereusement », au service d'une de ces organisations, dont, l'Intelligence britannique passe, à tort, pour le prototype.

J'eus la certitude qu'on avait pénétré chez moi, récemment, en profitant de mon absence, sitôt que j'eus glissé ma clef — une clef plate de forme très spéciale — dans la serrure de la porte extérieure du pied-à-terre, où j'habite, entre deux missions, chaque fois que je suis à Paris.

L'odeur forte de tabac anglais qui persistait, dominant celles de la naphtaline et du camphre, indiquait, même, que la visite avait eu lieu, au maximum, quarante-huit heures auparavant.

D'ordinaire, les gens trop curieux qui s'imaginent pouvoir trouver, entre les murs de mon logis, des documents ou des indices, s'y prennent avec plus d'habileté.

Le dernier en date devait être un amateur ou un novice, pas encore au fait des « finesses », à moins que, — j'y réfléchissais, — ce ne fût quelque vieux renard, trop certain de l'impunité pour chercher à cacher ses traces.

Toujours est-il qu'après avoir ouvert mes persiennes tout au large, — ma valise une fois déposée sur la moquette de mon entrée, — je pus vérifier que ma chambre, ma salle de bains et mon studio avaient été méthodiquement fouillés, — ce qui s'appelle fouillés, — et par quelqu'un qui s'entendait à flairer chaque cachette possible.

Il n'est point, — que l'on me pardonne cet assez prosaïque détail, — jusqu'au « rouleau », veuf de papier hygiénique, de mes waters, qui n'eût été minutieusement travaillé et de main de maître, pour le cas où il eût contenu le « pot aux roses » que l'*on* cherchait.

Depuis mars 1918, — c'est en septembre 1929 que s'ouvre le présent récit, — je me suis fait à ces « accès de curiosité pernicieuse » (1) qui mettent un surcroît d'imprévu dans une vie déjà mouvementée, tant par goût que par profession.

Tellement de puissances occultes ont un intérêt capital à détruire *ce que je détiens* !

Depuis la semaine qui suivit la boucherie d'Ekaterinenbourg, l'odieux massacre du dernier Tzar et de la famille impériale, en cette maison Ipatieff où, seul Français, j'ai pénétré fin juillet 1918, lorsque le sang des Romanoff en maculait encore les planches,... depuis onze ans, ILS s'acharnent.

Sans Emile Pages (2), au surplus, après ma blessure de Kharbine, aurais-je jamais pu réussir à rejoindre la mission Janin et à m'embarquer avec elle sur l'*Athos*, à Port Daïren ? Sans lui, qu'ILS ne soupçonnaient point, mes photos, mes précieuses photos, eussent-elles jamais atteint Marseille ?

Oui, certes, elles m'en auront valu des « anicroches » pas banales ces pellicules 6 ½ — 11, impressionnées par mon Kodak avant que l'on eût pu truquer, tout à loisir, les lieux du drame où sombrait une dynastie.

Et ce n'était pas un jugement téméraire que de rattacher, à leur « série noire », l'accident, — improbable rupture de sangle de la selle de mon mehara — qui s'était produit en plein bled, vers la fin de ma randonnée d'*ordre ethnographique*, au Hoggar, accident qui m'avait contraint — il y avait quinze jours à peine — de tailler deux encoches nouvelles sur la crosse usée de mon Colt. Il devait être écrit, sans doute, qu'après ce séjour de six mois, en mission spéciale au désert, chez les Touareg Imaziren, sous prétexte d'étudier les mœurs et les coutumes de ces gens simples, qui descendent, peut-être, des Croisés, — mes adversaires particuliers me gâcheraient les joies du retour !

Adversaires particuliers, oui.

Car si, fréquemment, les agents d'une nation alliée ou rivale se sont attaqués à ma peau, ils ne se sont jamais souciés de s'en prendre à mes pauvres meubles !

---

1. Selon l'expression qui est chère à mon ex-collègue de Syrie, de Mossoul et d'Asie Mineure, le fameux colonel Lawrence, avec lequel j'ai « travaillé », pendant la guerre, contre les Turcs, avant que, par ordre de ses chefs, il n'employât son habileté, son autorité formidable sur les populations arabes à saper l'influence française.

2. Je ne saurai jamais rendre assez de grâces à Émile Pages, alors radiotélégraphiste de la Mission du général Janin, pour le dévouement dont il fit preuve à mon égard au péril de sa vie et pour le « cran » qu'il montra.

LA PHOTO DE L'ICÔNE

Cette fois encore, pour réparer les dégâts commis par la « fouille » de mon scrupuleux visiteur, serai-je forcé de me ruiner en factures chez l'ébéniste, le tapissier, le relieur ?

Du moins — après un examen rapide des placards et penderies, — assez vastes pour qu'un audacieux s'y pût dissimuler, afin de surprendre mes petits secrets, — eus-je la satisfaction morale de constater que l'indiscret explorateur de mes pénates avait dû repartir bredouille.

Rideaux tirés sur les fenêtres, ma lampe de bureau allumée, il me suffit de feuilleter cet antique album de photos, à couverture de peluche verte, fanée et jaunie par endroits, que je laisse généralement traîner sur la commode de Boule, à l'emplacement qu'il occupait, près du petit bronze de Barye et du grès flammé de Massier, dans le salon de mes parents.

J'y tiens beaucoup à cette relique de tout mon passé familial, riche des souvenirs de mon enfance, où je retrouve les visages oubliés de vieilles cousines, d'oncles lointains, perdus de vue, depuis ma première communion, à côté des physionomies des êtres chers que j'ai perdus.

Mais j'y tenais encore bien plus, à l'époque de cette aventure, parce que certains de ces cartons, dorés sur tranche, où s'étalait, au bas d'une effigie passée, la signature, dorée aussi, d'un photographe provincial, portaient fixés à leur verso les originaux des quatorze petits clichés 6 ½ — 11, pris jadis par moi dans l'Oural, ainsi qu'un jeu d'épreuves en double.

Cette révélation ne comporte, désormais, plus d'inconvénient.

Toujours maintenus par leurs angles aux épaisses feuilles de bristol, mes dieux lares ne servent plus à protéger, contre le vol et les convoitises déchaînées, ces « pièces capitales » qui devaient me conduire, peu de temps après le retour dont il est question, à la première des découvertes que j'ai résolu d'exposer !

Pour moi, Edgar Allan Poe demeure un homme de génie.

Une fois de plus se vérifiait que le principe ingénieux de sa nouvelle, *La Lettre volée*, est d'une psychologie exacte.

Les plus malins des « enquêteurs » qui avaient opéré chez moi, depuis ma mission en Russie, s'étaient tous laissés prendre au truc renouvelé de M. Dupin (1), trop simple pour qu'ils pussent l'éventer.

※
※ ※

---

1. Le précurseur de tous les « policiers » de la fiction contemporaine.

Si le général Gaïda, qui commandait en chef les forces tchécoslovaques de Sibérie, lors de l'offensive anti-rouge de juillet 1918, n'eût été condamné depuis, à Prague, par ses compatriotes, pour crime de haute trahison (1), j'imagine qu'il eût sursauté en apprenant, par ces mémoires, que Dédina, son cuisinier, auquel il bottait le derrière quand la goulache au paprika, dont il raffolait, n'était pas suffisamment assaisonnée, entendait non seulement l'espèce de patois slavon déformé de sa province bohémienne, mais l'allemand, le russe, le bulgare, l'anglais, l'italien, l'osmanli, l'arabe, l'espagnol et le grec, outre, bien entendu, le français !

Ai-je été ce cuistot velu, ivrogne, gobeur, bête et ignare, « tête de Turc » de l'état-major et des ordonnances du mess, mais dont le « patron » tolérait, parfois, la familiarité, quand il avait le ventre plein, après de ces agapes copieuses où brillait mon art culinaire ?

Prince des maîtres-queux, Escoffier, — dont je fus, sous un nom d'emprunt, l'élève attentif, un semestre, — que d'atouts sérieux je vous dois, autant qu'aux « maîtres » qui vantaient mon « extraordinaire don des langues », alors que, promis, semblait-il, aux destinées les plus brillantes qui fussent dans l'Université, je préparais l'École Normale aux brasseries du Quartier Latin.

« L'enseignement mène à tout. » Eh oui !

Cet aphorisme qu'il faut, je crois, attribuer à M. Guizot ne saurait être mieux illustré que par la série d'avatars où je fus jeté par la guerre.

... Quelle touche j'avais !

Cette photo prise, à Omsk, par Lucien Altmeyer, mon camarade de mission, détaché, comme moi, secrètement, sur le front anti-bolchevik... massacré depuis, éventré au village de Verkh-Isset, par de facétieux *Tovarishs*, me restitue l'incarnation dont je fus peut-être le plus fier, car c'était la première fois que je me trouvais obligé de « composer » un personnage avec cette constante minutie.

Pauvre Altmeyer !

S'il avait pu arriver jusqu'à Ditériks (2), aux avant-postes de Koltchak, qui venait de quitter Tobolsk en direction du Baïkal, et lui transmettre le rapport verbal dont je l'avais chargé, rapport précis, établissant les tractations, sur-

---

1. Condamnation prononcée à huis clos par le conseil de guerre pour collusion avec les Soviets le 13 septembre 1926.
2. Général blanc, commandant une division caucasienne.

Fig. 1

Le général Gaïda, commandant en chef des forces tchécoslovaques en Sibérie ne se douta jamais de la personnalité véritable de son cuistot. J'étais passé maître dans l'art de préparer la goulache.

(Photo prise le 3 juillet 1918 à Omsk.)

prises par moi, entre la Tchrezvytchkaia (1) et le chef des divisions tchèques, il est probable que la famille impériale eût été sauvée !

... Me voilà déguisé en pope, grâce aux soins du père Stojoreff, le dernier confesseur du Tzar, alors que j'étais attaché à l'hospice d'Ekaterinenbourg, l'hospice où, atteint du typhus exanthématique, Medvieff (2) « passa » dans mes bras, *dix-huit* jours après que, sur l'ordre formel et répété de Yourovsky (3) il eût achevé l'Impératrice et sa fille Tatiana, de *dix-huit* coups de baïonnette, sur le plancher déjà lardé de la maison Ipatieff.

C'est de lui que je tiens l'icône de saint Séraphin de Sarof, ornement de ma cheminée.

Il me la légua, après que j'eusse consenti à lui donner l'absolution *in extremis*, — non sans qu'il eût parlé, parlé, soulagé sa conscience tortueuse, — en me confiant qu'il l'avait prise sur le cadavre d'Alexandra Féodorovna Romanoff.

Ils n'ont rien de bien pittoresque les autres clichés qui complètent ma collection sibérienne.

... Une grande maison blanche banale, au rez-de-chaussée surélevé, surmontée d'espèces de mansardes, toute entourée d'une palissade de troncs d'arbres à peine équarris.

... De courtes inscriptions au crayon, sur des murs sales et décrépits.

... Des meubles épars, dépareillés, dans des pièces beaucoup trop grandes, où semble flotter une atmosphère de déménagement lugubre.

... Une cloison de chambre, tapissée d'un affreux papier à rayure, crevée, déchiquetée par endroits, laissant transparaître les lattes qui maintenaient en place le plâtre, écroulé en tas de gravats sur le parquet aux taches sombres.

... Un puits de mine, s'ouvrant au centre d'une clairière dans la forêt.

... Des fragments d'ossements calcinés. ... Des boutons d'uniforme divers, en métal, rongé par l'acide.

... Un râtelier en bon état.

... Un lorgnon cassé et tordu.

Défunt le juge Sokoloff (4) qui, pourtant, conclut son enquête *officielle* sur la tragédie impériale d'Ekaterinenbourg, en tenant compte des instructions

1. « Commission extraordinaire pour la lutte contre la Contre-Révolution », toute-puissante alors et qui était à la base même du régime soviétique en Russie.
2. L'un des assassins du Tzar.
3. Le commissaire du peuple, responsable du massacre.
4. Juge d'instruction Sokoloff du tribunal d'Omsk.

Fig. 2

Ce déguisement de pope devait me permettre de pénétrer à Ekaterinenbourg, encore entre les mains des rouges, trois jours après le massacre de la famille impériale russe.

(Photo prise le 23 juillet 1918 devant la palissade qui isolait la tragique maison Ipatieff.)

formelles de l'amiral Koltchak — *lequel obéissait aux ordres des émissaires de Lloyd George* — est mort — les initiés le savent — pour avoir trop laissé entendre qu'il connaissait les documents établissant la Vérité.

Vérité toujours redoutable pour ceux qui permirent le massacre, qui le provoquèrent, pour mieux dire, pour ceux dont le Présidium du Comité Exécutif des Ouvriers et Paysans et Gardes Rouges de l'Oural ne fut qu'un instrument discret,... pour ceux que je veux démasquer, avant que leur action néfaste ne provoque d'autres catastrophes ou croulerait la paix de l'Europe !

* * *

Je ne crains pas les démentis.

On a tenté de m'acheter, quand *on* a su mes intentions.

Intimidations, menaces, toutes les formes de pression puissante ont été mises en œuvre, *de haut*, sur l'obscur soldat que je suis !

Si ceux qui furent longtemps mes chefs sont contraints de me désavouer, peu importe, j'ai le dos large !

Je sais que les plus nobles d'entre eux approuvent l'action que j'entreprends, sous ma responsabilité et à mes risques et périls, maintenant que j'ai reconquis le droit absolu de parler.

* * *

Il fallut un coup de sonnette assez violent pour m'arracher aux fantômes du souvenir, que fait toujours surgir en moi l'évocation de mes heures russes, celles qui — j'étais encore bien jeune quand l'ordre de mobilisation me toucha au lycée français de la défunte Saint-Pétersbourg — ont marqué le plus dans ma vie.

Aucun de mes proches, cependant, ni aucun des très rares amis que mes absences perpétuelles me permettent de conserver ne me savait rentré en France.

Au ministère, je n'étais pas attendu avant trois semaines.

Alors, qui sait ?

J'allai ouvrir.

— Entrez Nobody. Entrez ! fis-je.

...L'homme devant qui je m'effaçai et qui, d'emblée, se dirigea vers la lumière de mon studio, avec une assurance tranquille, est l'un des artisans secrets les plus prodigieux, à coup sûr, de la défaite de l'Allemagne.

LA PHOTO DE L'ICÔNE

Si l'entente avait continué d'exister entre les Alliés, après la paix de Brest-Litowsk (1), et que ses chefs eussent écouté ses suggestions prophétiques, la dictature de Lénine n'aurait jamais pu s'établir, ni surtout se consolider sur la Russie agonisante. Il n'y aurait plus d'U.R.S.S., aujourd'hui, pour contaminer, pour gangréner les autres peuples.

...Le pauvre Charles Lucieto qui fut notre intime à tous deux, mort lui aussi pour avoir fait bon marché de trop de rancunes et pour y avoir vu trop clair, a rendu célèbre le surnom, renouvelé d'Homère,... de Jules Verne (2) dont l'affublèrent, certain jour, ses camarades, un peu jaloux, du service des renseignements de Sa Majesté Britannique.

Ce « *nick-name* » (3), je le lui laisserai.

Il nous faut tellement souvent oublier notre patronyme dans notre profession commune !

— *Son*, fit-il, avec sa manière caractéristique d'entrer en matière de façon abrupte ...Si « ces messieurs de l'avenue Marceau » (4) ne m'avaient point laissé entendre que vous en aviez encore pour tout près d'un mois à ausculter les moukhères du Tanezrouff et si j'avais pu douter que le *Chanzy* vous débarquerait hier matin à la Joliette, je me serais épargné la peine de fumer soixante pipes chez vous, sans attendre votre retour.

— Vous avez changé de tabac, depuis Constantinople, dis-je ! Je n'ai pas retrouvé l'odeur familière de votre *navy-cut*.

— C'est vrai ! reconnut-il, paisible. Le médecin m'oblige à n'user que de *bird's eye*, à présent. Mes artères vieillissent, voyez-vous.

...J'ai eu l'occasion de me lier étroitement avec Nobody, après l'armistice, à Stamboul, où nous avons collaboré, coude à coude, tout près d'une année.

Je lui dois de précieux conseils qui ont achevé de m'instruire dans la pratique de mon métier.

Je l'ai tiré d'un mauvais pas, où il risquait plus que sa vie.

Ce n'était donc pas en ennemi qu'il s'était introduit chez moi !

— *Downing Street* s'en mêle aussi ? questionnai-je. Entre nous, n'est-ce pas ? *Slade* (5) s'intéresse à mes photos ?

---

1. La paix honteuse qui consacra l'effondrement du front russe.
2. Nobody = Nemo = Personne !
3. Sobriquet.
4. James Nobody a conservé — une vieille habitude de guerre — cette façon de désigner les agents du IIe bureau.
5. Major général sir Austin Slade, D.S.O.K.C.B. alors grand chef de

— Pas lui, mon vieux.
— Vous ?
— *Right !* Juste.

James eut ce sourire engageant, qui fleurit parfois son visage rougeaud de squire anglais, un visage qui me fait songer à celui de M. Pickwick (1), chaque fois qu'il lui est loisible de s'abandonner, sans contrainte, à sa bonhomie naturelle.

— Je doute fort que mes supérieurs hiérarchiques d'aujourd'hui manifestent un enthousiasme exagéré, enchaîna-t-il, en son français lent et précis, s'ils connaissent jamais les motifs de ma présence rue de Bellechasse... Je suis d'ailleurs en congé libre depuis la retraite de sir Ian (2).

« Lui m'eût compris probablement et encouragé, je suppose. Mais, je n'approuve guère le vent nouveau qui souffle sur le service, pas plus qu'on n'y apprécierait mes présentes activités, si on en soupçonnait la cause.

« Autrement dit, si je travaille encore à mes heures, malgré l'âge, l'embonpoint, les infirmités, c'est en *free-lance*, pour mon compte... avec la perspective de voir assaisonner un jour mes huîtres d'une culture de bacilles d'Eberth ! »

— En quoi puis-je vous servir, *Old man* ? Une lueur, que je connais bien, filtra sous les paupières de James.

— Ma foi, je voudrais comparer le cliché que vous avez pris du Swastika de la Tzarine avec la reproduction qu'en donna le juge Sokoloff, à la figure 21 du bouquin où il résuma les conclusions de son enquête (3).

Le Swastika de la Tzarine !

Avait-elle assez intrigué tous les cryptographes du monde cette courte inscription, tracée par l'infortunée souveraine dans l'embrasure d'une fenêtre de la maison Ipatieff !

Une date, semblait-il, surmontée du signe fatidique emprunté à la symbolique d'Asie... de cette « troisième marque » qu'on retrouve toujours rituellement gravée sous les pieds de Çakya-Mouni (4).

---

l'Intelligence Service.
1. Le célèbre héros de Dickens.
2. Sir Ian Mornington qui jusqu'à octobre 1928 dirigea avec quelle maîtrise les rouages délicats des « services secrets » de Downing Street.
3. Un volume intitulé : *Enquête judiciaire sur l'assassinat de la famille impériale russe*, par Nicolas Sokoloff, juge d'instruction près le tribunal d'Omsk. Payot, 1926.
4. Incarnation du Bouddha.

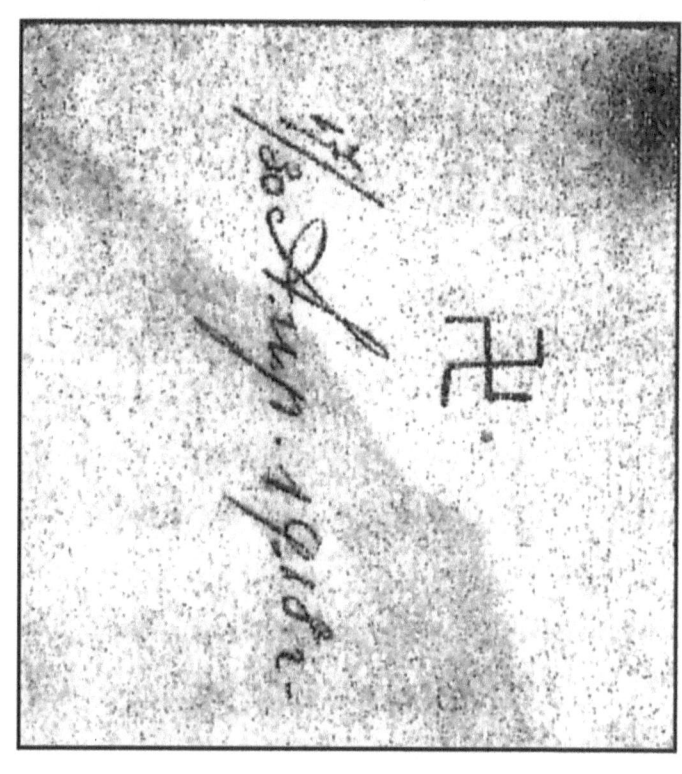

FIG. 3.

Infimes et pourtant capitales les différences entre ces deux documents !
Le premier (à gauche), rigoureusement authentique, reproduit le dernier message de la Tzarine, tel qu'il fut photographié par moi le 24 juillet sur un mur de la maison Ipatieff.
Le second (à droite), bien que publié huit mois plus tard dans le rapport officiel du juge Sokoloff, a été manifestement truqué pour empêcher les dernières révélations de l'infortunée souveraine.

Invocation à la mémoire du Staretz, de Raspoutine, pour qui la prisonnière paraît avoir conservé, jusqu'au bout, sa même vénération mystique ?

Suprême message aux amis sûrs, aux derniers fidèles dispersés, seuls capables d'en comprendre le sens ?

J'avais de bonnes raisons de croire que nul ne l'avait déchiffré !

... Sans hésiter une seconde, j'allai chercher l'album de peluche sur le marbre de la commode où, avant d'ouvrir, tout à l'heure, je l'avais remis à sa place et j'y pris ce petit portrait de la jeune fille que fut ma mère, au bas duquel ont lit encore, aux côtés d'un chardon lorrain : J. Barco, photographe, Nancy.

Nobody ne manifesta aucun étonnement à me voir détacher, du verso bleu pâle, l'épreuve qu'il souhaitait confronter avec celle qu'il venait d'extraire, entre temps, de son portefeuille.

— *Even old monkies learn* (1), fit-il, en essuyant, de son mouchoir, la lentille épaisse du monocle, dont il se sert en guise de loupe.

Son examen ne dura guère que dix secondes.

— J'en étais sûr ! reprit-il en se redressant. Les deux textes ne concordent pas.

Le fait est qu'entre le cliché, pris par moi le 24 juillet, et celui, *postérieur en date*, qui fut publié, par les soins de ce malheureux Sokoloff, puis reproduit à des millions d'exemplaires, à diverses reprises, par la presse du monde entier, une différence existait.

Insignifiante, je veux bien ; mais qui sautait pourtant aux yeux.

Mon document portait nettement, sous le Swastika renversé, cette ligne, *indubitablement de l'écriture de la Tzarine :*

$17 / 30 \, A. \, u. \, p. \, 19\text{-}18. \, ?\text{-}$

tandis que la pièce officielle, mise sous scellés par Nametkine (2) et photographiée, aussitôt que les rouges eussent été chassés, soit le 14 août seulement, présentait la variante suivante :

$17 / 30 \, Aup. \, 1918 \, ?\text{-}$

— Ainsi, continua James, avec conviction, est-il établi, comme je m'en suis

---

1. Les vieux singes ont encore à apprendre.
2. Juge d'instruction qui fut d'abord commis pour enquêter sur le meurtre de la famille impériale et qui, à peine eut-il fourni son premier rapport, fut supplanté par Sokoloff.

toujours douté, que *quelqu'un* avait intérêt à truquer cette inscription, où je persiste à voir une sorte de testament d'Alexandra Féodorovna Romanoff.

« Autrement pourquoi l'eût-on fait ?

« Pourquoi, surtout, eût-on cherché, si âprement, à supprimer la preuve de ce truquage habile, en vous supprimant, du même coup. »

— Nos conclusions sont identiques ! reconnus-je. Les premiers temps, j'ai passé des jours et des jours à essayer d'interpréter, en langage clair, ces dix-sept signes. Je n'y suis jamais parvenu. J'y ai renoncé. C'est si loin. Et puis à quoi aurait-ce servi ? Le tzarisme est mort et bien mort.

— *C'est parce que j'ai la certitude de pouvoir résoudre l'énigme, que je suis venu .vous trouver,* cartes sur table, fit Nobody, sans discuter cette opinion empreinte d'une certaine veulerie. Mais le temps presse, car le seul homme qui soit en état de parler n'a plus que quelques jours à vivre.

« J'étais presque désespéré, avant-hier, en m'en allant de chez vous, sans avoir pu mettre la main sur vos damnées photos. Heureusement que vous êtes rentré... »

— Qui est-ce ? dis-je intrigué. J'avoue...

— Sa Béatitude Basil III, le patriarche œcuménique de Constantinople, émit-il.

※
※ ※

— Si votre « famille » s'est montrée d'une discrétion exemplaire, reprit Nobody, en souriant de son sourire pickwickien, peu après que j'eusse achevé de lui révéler le contenu intégral de mon album vert, il est chez vous des étrangers qui ont eu la langue mieux pendue.

Il m'avait pris par le bras gauche et, à pas lents, il me faisait faire le tour de mon studio, — ainsi que l'on procède, parfois, lorsque, entre amateurs, on s'amuse à ces expériences primitives de transmission de pensée qui consistent à faire deviner où l'on a caché un objet.

— Alors vous ne vous doutez point ? Il jouissait manifestement de sa revanche.

— Pas du tout ! fis-je.

Il appuya son dos puissant au marbre de la cheminée.

— De fait, vous n'avez jamais eu le moindre tressaillement des muscles.

« Or je tiens du fameux Pickmann (1), dont l'enseignement m'a valu souvent

---

1. L'hypnotiseur célèbre qui fit courir toute l'Europe à ses séances.

un prestige de devin, qu'un sujet, même maître de lui, se trahit involontairement en passant devant une cachette qu'il essaie de dissimuler. »

Il eut un grand rire.

— *By Jove*, je n'ai tout de même pas perdu, tout à fait, mon temps, vieux garçon, en fumant mes pipes chez vous.

Il se retourna d'une pièce et s'empara de mon icône orthodoxe de saint Séraphin.

Ainsi, vous ne soupçonniez pas la valeur immense du cadeau que vous fit défunt Medvieff, quand vous étiez le pope Tikhine ?

Je fus moins maître de mes réflexes qu'il ne l'avait été des siens et la surprise que je trahis parut l'enchanter doublement.

— *Wait and see.*

Ayant déposé la sainte image sur un fauteuil, — l'émail du côté du velours, — il en tapota le revers d'une série de petits coups secs.

J'entendis un léger déclic... le bruit que ferait un sou qui tombe.

— Voilà !

D'un geste d'escamoteur, James me présenta, de nouveau, l'objet qui m'est si familier.

La gloire d'or, l'espèce d'auréole qui entourait, jusqu'à présent, le visage ascétique du saint anachorète de Sarof avait disparu, laissant voir une large surface d'argent noirci, sur laquelle luisaient quelques mots, gravés au moyen d'une pointe.

Jolie leçon d'humilité !

Depuis quatorze ans, cette icône se trouvait en ma possession sans que j'eusse jamais songé qu'elle pouvait avoir un secret et Nobody, en quelques touches...

A l'école, Teddy, mon ami !

...Sous la lumière de la lampe, l'inscription, quoique égratignant, à peine, la surface du métal, était aisément déchiffrable.

Les inscriptions, en fait, plutôt !

Fig. 4.

Lorsque Nobody eut détaché l'auréole de cette icône, trouvée sur le cadavre de la Tzarine, nous pûmes lire l'inscription secrète qui devait nous mettre sur la piste du « Dragon Vert ».

La première, tracée sûrement par une main de femme nerveuse, comportait quatre initiales, suivies d'un signe, puis de sept mots, écrits en un anglais correct :

S. I. M. P. ∴∴ The green Dragon. You were absolutely right.

La deuxième, masculine celle-là, consistait en deux mots seulement, avec une faute d'orthographe : *To late*, ce qui veut dire : trop tard !

...Il fut un temps où ce qui touche à l'ésotérisme constitua, en quelque sorte, mon violon d'Ingres.

Aussi me fut-il fort aisé de reconquérir mon prestige aux yeux de mon vieux camarade, visiblement embarrassé par le début énigmatique de la plus longue des inscriptions.

— *The Green dragon,* etc... je comprends bien, parbleu, le sens littéral du texte ! grommelait-il, tandis que sa figure rougeaude se plissait sous l'effort mental.

« Cela signifie : *Dragon vert* ou *Hydre Verte*, à votre choix, et : *Vous aviez pleinement raison.*

« Mais que viennent faire là ces six points ; comme un double insigne maçonnique ? Et quelle formule représentent cet S, cet M, cet I, ce P ? Je me suis déjà copieusement cassé la tête dessus, depuis ma petite visite d'avant-hier. »

— Il s'agit d'une société autrement secrète, répondis-je, que celle des *Enfants de la Veuve*(1). Ces six points schématisent, mon vieux, le fameux *Sceau de Salomon*, une figure cabalistique, — deux triangles équilatéraux entrelacés, — qui constitue la « signature » du Martinisme.

Nobody me considéra avec un intérêt réel.

— Je croyais, fit-il, que cette secte qui, si je ne m'abuse point, joua, dans l'ombre, un rôle capital, vers 1789, dans la Révolution française, dont elle fut, selon Thackeray, l'initiatrice véritable, avait disparu totalement en 1795, une fois sa besogne achevée !

— Pour ma part, je suis convaincu, répondis-je, que son influence se manifesta, de nouveau, en 1830 chez nous, puis en 1848. Il y a toujours eu des disciples de Martinez de Pasqualy et de Louis Claude de Saint-Martin parmi les promoteurs occultes des bouleversements de régime.

« L'historien qui s'attacherait à étudier leurs agissements éclairerait d'un singulier jour les dessous des événements d'où résulta la République...

---

1. La Franc-maçonnerie.

« ... Quoi qu'il en soit, Maître Philippe — dont il s'agit là, — je frappai l'icône violée du bout de l'ongle, fut bien, incontestablement, et pendant plus de cinq ans, le vrai maître de Toutes les Russies ! »

— Maître Philippe, le Thaumaturge, cet ancien tripier qui tirait les ficelles de Nicolas II et que Raspoutine supplanta ! C'est lui S. I. M. P. (1)... six points ?

— Oui ce sont sous ces initiales que le désignent ceux qui savent, Georges Louis (2), tenez, notamment, qui ne sut point l'utiliser et Paléologue (3) qui comprit — mais trop tard — l'immense parti qu'en aurait pu tirer la France....

... Étrange figure, en vérité, que ce Nizier-Anthelme-Philippe, petit charcutier savoyard, venu tenter fortune à Lyon, qui — présenté par Manouiloff, agent secret de l'Okhrana, sous les auspices du Mage Papus (4), au couple impérial à Compiègne (5) — devait devenir, peu après, l'arbitre secret des destinées d'un empire de cent millions d'hommes.

... Imposteur et indicateur de la police diplomatique, hypnotiseur et charlatan, selon les ennemis acharnés que lui valut, à Pétersbourg, son autorité exclusive, prédominante, sur les hôtes crédules de Tsarkoïe-Sélo ?

... Envoyé de Dieu, détenteur d'une puissance supra-normale, voire même incarnation du Christ, pour ceux-là qu'il fanatisait ?

Il n'est point douteux, en tous cas, qu'il disposa d'une influence inimaginable, absolue, sur le ménage, assez spécial, de « Nicky » et d'Alexandra, qui se désolait, à l'époque, de ne pouvoir avoir de fils, — du jour où son intercession valut un héritier au trône.

Hasard, adultère imposé au nom de la raison d'État, mise en jeu de forces occultes ?

Mon opinion à moi est faite sur l'être d'exception qui repose au cimetière de Logasse, à Lyon, et dont une illustre famille — *dont il ressuscita l'enfant* (6), selon des témoins authentiques — continue à entretenir plus que magnifiquement la tombe.

---

1. S. I. M. P. = Supérieur Inconnu, Maître Philippe.
2. Ambassadeur de France avant 1914.
3. Ambassadeur de France pendant la guerre, dont les mémoires constituent un des documents les plus valables sur l'histoire de la Cour de Russie.
4. Le Dr Encausse qui en 1890 « recréa » l'ordre Martiniste, dans le même temps que le Sar Peladan ressuscitait les Rose-Croix, et ce n'est point là, qu'on m'en croie, une simple coïncidence.
5. Le 20 septembre 1901.
6. Cf : SÉDIR : *Quelques amis de Dieu* (Legrand, éditeur à Rouen).

— A l'Intelligence Service, nous demeurons persuadés qu'il se prévalut du penchant manifesté par la Tzarine pour le jeune prince Goluchowski, musa James, dont les réflexions s'étaient apparentées aux miennes.

« D'ailleurs le petit tzarevitch ressemblait de manière frappante à ce beau garçon séduisant, atteint comme lui d'hémophilie, — qui disparut à la façon mystérieuse de Kœnigsmark quand il eut cessé de servir. »

— C'est vraisemblable, reconnus-je. En dépit des dénégations de Gilliard (1), le Dr Peters donne les raisons physiologiques de cette impuissance conjugale. Sans coadjuteur Nicolas n'eût pu procréer que des filles !

— Nous ne sommes pas plus avancés.

Nobody fit pensivement sauter dans sa paume étalée l'auréole d'émail doré, tombée sur le siège du fauteuil.

— Existe-t-il quelque rapport entre la gloire de saint Séraphin, le sceau secret de Salomon, et le Swastika maquillé de la maison Ipatieff ?

« Sommes-nous en présence de deux clefs qui peuvent ouvrir la même porte ?

« Qu'est-ce que c'est que ce Dragon vert ?

« Qui donc avait tellement raison ?

« Et pourquoi était-il trop tard ? »

Ces six questions, je venais, moi, de me les poser, mentalement, dans des termes à peu près semblables.

Aussi, lorsque après un silence James s'enquit d'un air détaché : « Je suppose que l'ethnographie va vous laisser quelques loisirs ? » répondis-je sans hésitation :

— Assez, si vous voulez de moi, pour que je retienne nos deux places, pour ce soir, dans l'Orient-Express.

« Le Phanar (2) m'attire moi aussi ! »

---

1. Le précepteur du tzarevitch.
2. Résidence à Constantinople du patriarche œcuménique ; le Vatican des Orthodoxes.

Chapitre II

Phanar, septembre 1929.

Il était près de 23 heures et le Simplon Orient-Express, qui « faisait du 90 », venait de dépasser Laroche, lorsque, dans le couloir désert, où nous fumions des cigarettes, devant la porte de notre sleeping, une jeune femme nous croisa, déjà en pyjama de nuit, sous un lourd manteau de voyage.

— Elle ressemble à Natacha ! fis-je, tandis que la haute silhouette, au balancement harmonieux, disparaissait au bout du « car », dans un des alvéoles étroits où vous encaque, pour deux jours, la Compagnie des Wagons-Lits.

...Natacha, ces trois syllabes slaves ressuscitaient soudain pour moi la Constantinople d'après-guerre, cette Stamboul désaxée, foyer de complots et d'intrigues, rendez-vous de tous les pêcheurs en eau trouble d'Europe et d'Asie, où j'ai vécu les deux années les plus ardentes, les plus pleines de ma carrière d'agent secret.

Petite fille câline et fantasque, qu'une énergie sombre animait, que soutenait, dans son exil, la haine farouche de tout ce qui touchait au régime soviétique.

C'était par elle, justement, que j'avais connu Nobody, — elle me servait d'indicatrice, — et, sans avoir jamais reçu de confidences à ce sujet, j'avais supposé qu'il s'était laissé prendre, lui, au charme amer de cette nièce de la Wyroubova, cette filleule de la Tzarine morte.

J'ai remarqué qu'il suffisait, souvent, d'un mot pour déclencher, dans l'esprit de James, comme un train suivi d'associations d'idées qui aboutissent généralement à un résultat imprévu.

Par quel enchaînement tortueux, le prénom prononcé par moi l'amena-t-il à murmurer, environ dix minutes après, alors que nous brûlions Tonnerre :

— Oui, ce doit être chez Youssoupof(1) qu'il fut question de ces gens-là.

---

1. Le prince Youssoupof, cousin du Tzar, qui « débarrassa » la Russie de Raspoutine convaincu qu'il était que le Staretz entraînait l'Empire à sa perte.

— Quelles gens ? fis-je.
— Ceux qui, de Suède, manœuvraient, de loin, Raspoutine et aux ordres occultes de qui il obéissait servilement.

Curieuse coïncidence nouvelle.

J'affirme que, toute la soirée, m'avait confusément hanté l'étrange inscription, découverte sous l'auréole de l'icône de saint Séraphin de Sarof : *The green dragon*. Le dragon *vert*.

Où avais-je entendu parler de quelque chose d'analogue ?

J'y étais, maintenant, parbleu !

N'était-ce point par Obolensky, l'ancien directeur des Postes russes, disgracié parce qu'il s'étonnait, trop instamment, auprès du Tzar, de l'abondance des télégrammes chiffrés, reçus par Raspoutine et qui étaient signés *Le Vert*.

Pourtant ni l'enquête du prince Lvof(1), menée dès février ..18, ni celles, faites par nos services et l'Intelligence à Stockholm, n'avaient jamais pu révéler la personnalité de ceux qui s'étaient servis du Staretz, pour désagréger complètement la haute société impériale et préparer, ainsi, les voies à l'avènement du Bolchevisme.

— *Green dragon* — *Les Verts*, répétai-je.

... Maître Philippe aurait-il donc mis en garde, préventivement, l'Impératrice Alexandra contre l'action des forces redoutables qui avaient sapé la Russie, ces forces, dont j'ai éprouvé, moi, l'hostilité particulière,... parce qu'elles me supposaient capable de les démasquer quelque jour ! Et l'infortunée souveraine avait-elle reconnu *trop tard* que le Lyonnais avait raison ?

— ... Natacha !

Les mêmes trois syllabes revinrent aux lèvres de Nobody, comme je gravissais les deux marches de l'escabeau, pour me hisser sur la couchette supérieure.

Et, peu après, lampe en veilleuse, dans l'intimité bourdonnante de notre cabine ferroviaire, il se laissait aller, avec cette grande fraîcheur d'âme qui étonne chez un vieux routier de sa sorte, à évoquer les yeux étranges, le sourire toujours ambigu, les foucades et les élans de celle que Charles Luciéto, qui l'avait connue, lui aussi, nomma *la Sirène du Bosphore*.

※
※ ※

---

1. Président du gouvernement provisoire qui s'organisa après l'abdication du Tzar.

PHANAR, SEPTEMBRE 1929

Tandis qu'un taxi, encore neuf, nous conduisait, sans se presser, — le temps ne compte pas en Orient, — de la gare de Sir Kedji au grand hôtel Tokatlian, le palace moderne de Péra, James ne cessa guère de pester contre « ce salaud de Kémal », par la faute duquel Istamboul n'était plus guère qu'une cité morte dépourvue de tout, caractère, où nous nous sentions, l'un et l'autre, — non sans quelque mélancolie, — absolument dépaysés.

C'était la fin de Byzance, certes !

Et nous avions le cœur serré, comme au chevet d'une mourante, aujourd'hui vieille et décrépite, que l'on a connue et aimée dans toute la splendeur voluptueuse, les séductions de son été.

Aussi fut-ce avec une espèce de reconnaissance pour *Kismet*(1) que, dans le personnage, sanglé en une jaquette éblouissante, qui sortait de la « réception » — toutes courbettes — pour nous saluer, nous reconnûmes Panaïoti Théopoulos, ce vieux « Pana », plus gras, sans doute, plus boudiné, plus chargé de bagues que jamais, mais dont les prunelles sirupeuses brillèrent d'une lueur vite éteinte devant nos visages familiers.

... Théopoulos le tenancier populaire du fameux *Garden* — (Ambassadeurs, Folies-Bergère et Luna-Park, tout à la fois) — que tous les officiers alliés, tous les attachés de mission, tous les trafiquants de pétrole, d'armes ou de bijoux, fréquentaient, sûrs d'y trouver spectacle de goût, champagne de marque, compagnes de choix... à des prix honnêtes, d'autant que... la « marchandise » qu'on y servait n'y était jamais frelatée.

Nous avions, professionnellement, eu maintes occasions d'apprécier la sûreté de ses renseignements, la valeur de sa discrétion et nous lui devions, de surcroît, d'avoir pu nous livrer, en paix, à ces nécessaires « bordés », par lesquelles nous nous délassions, une fois le temps, à cette époque, de ces épuisantes chasses à l'homme, où nous figurions, tour à tour, quand ce n'était point à la fois, le gibier ou bien le limier.

Panaïoti se garda bien de témoigner visiblement son plaisir de nous retrouver et, tant que nous fûmes dans le hall, puis dans l'ascenseur lent et vaste, il eut simplement envers nous l'attitude d'un gérant parfait, conscient de recevoir chez lui, incognito, des hôtes de marque.

Le tarif de l'« appartement privé » où il nous conduisit, devait justifier, au surplus, aux yeux d'un quelconque indiscret, la déférence obséquieuse, voire servile, dont il faisait preuve.

— Tu veux nous ruiner, vieille canaille ! lui dit James, à brûle-pourpoint,

---
1. Le destin des Musulmans.

quand la porte se fut refermée derrière le valet qui avait transporté nos valises légères.

Les chairs molles de Théopoulos s'épanouirent en un large sourire.

— Pour de vieux amis comme vous, y a toujours des arrangements. Vous revoir ensemble !... Tout à l'heure, j'ai cru rajeunir d'une décade. Ah ! c'était le bon temps, n'est-ce pas !

A la sincérité du Grec, répondit comme une émotion dans le regard de Nobody.

Mais, geste assez rare chez lui, quoiqu'il ait du sang irlandais, il haussa deux fois les épaules et ce fut d'un ton gouailleur, à voix très haute, qu'il répliqua :

— Alors le *Ghazi* (1) vous a eus !

Le fait qu'au surnom redouté du Maître actuel d'Ankhara, Panaïoti n'eût point bronché, qu'il n'eût point glissé un coup d'œil dans la direction de la porte, me prouva qu'il ne craignait pas que les murs... eussent des oreilles.

« ... Tu le regrettes, hein, l'après-guerre ! poursuivait James, toujours jovial. Ça te rapportait, vieux bandit, le commerce des princesses russes, le mousseux à cent cinquante piastres et les lettres volées aux enseignes ou aux commodores éméchés ! Du diable si je me doutais que nous te retrouverions ici !

« Mieux vaut faire le coup de fusil que de périr au bout d'une corde ! »

Panaïoti me regarda, en clignant ses paupières grasses, cernées d'un fort trait de Koheul.

— Toujours le même alors, je vois. Mon compagnon lui détacha une forte tape sur l'épaule.

— *Good old scout !* s'exclama-t-il, soudain attendri de nouveau.

Et dès lors, je compris très bien où toutes ses questions allaient tendre.

— Ton Garden, tu l'as bien vendu ? commença-t-il, indifférent, en apparence, tout au moins.

Théopoulos eût certainement craché par terre si le plancher n'eût été aux trois quarts couvert d'un merveilleux tapis de Smyrne.

— Ils l'ont fermé, Messieurs, l'année où ils ont interdit aux sœurs de rouvrir les écoles françaises. C'est à vous dégoûter de tout.

— Et Manouissef ? coupa James. Une petite lueur égrillarde brilla dans les yeux de « Pana ».

— Ça c'est plus rigolo ! fit-il.

---

1. *Le Victorieux*, titre décerné solennellement à Kémal Pacha.

Phanar, septembre 1929

« Figurez-vous que l'animal a donc réussi à coucher avec la femme d'un attaché de l'ambassade américaine et qu'elle a divorcé pour lui, après qu'il lui eut, la même nuit, prouvé onze fois la valeur de la cavalerie tcherkesse. »

Mais les prouesses amoureuses de l'ex-aide de camp de Wrangel n'intéressaient point Nobody.

— Le petit Mickham ? reprit-il, encore, pour nous donner le change.

Je suis sûr qu'il n'entendit point la réponse de Théopoulos.

— Natacha ? s'enquit-il, alors, d'une voix qui tremblait un peu.

— Elle ? La Tcheka l'a eue, à force. On a retrouvé son cadavre, étranglé, près de l'Ile aux Princes. Les crabes l'avaient déjà mangé.

Et puis le Grec dut se souvenir et il se signa rapidement sur les lèvres, à trois reprises.

Dans notre art, il est quelquefois plus difficile de tenir le « coup » avec le cœur broyé que de risquer sa chienne de vie, sciemment, avec le sourire.

Aussi admirai-je franchement James qui, les prunelles à peine embuées, enchaînait du même ton chineur, dont il usait volontiers à l'égard de Panaïoti :

— Alors toujours aussi dévot ?

— Ne faut-il point faire son salut ? On ne sait qui vit ni qui meurt ! répondit fort sérieusement l'autre.

Le rire pickwickien sonna clair.

— Vous verrez qu'il siégera un jour près des saints Cyrille et Méthode, comme un juste, à la droite de Dieu !

« Mais je blague, ce n'est pas tout ça, reprit-il, dis-nous, « en copain », ce qu'il y a d'exact, selon toi, dans ces vagues rumeurs du Phanar ? Est-ce vrai que Sa Béatitude Basil III soit à l'agonie ? »

Cette question précise déclencha, aussitôt, une nouvelle série de signes de croix précipités.

— Hélas ! gémit Théopoulos, il est à craindre qu'à bref délai se reproduisent, contre nos frères, les persécutions effroyables de l'Époque de Mahomet II.

Il fut tenté, une fois de plus, de cracher par terre, se retint.

« L'Église orthodoxe, comme alors, est divisée contre elle-même... Le Phanar (— il baissa la voix —) est un repaire de voleurs. Les Igoumènes reçoivent d'une main les aumônes des pauvres gens et de l'autre ils touchent du Ghazi ! On nous trompe, la trahison règne. »

— Pourquoi ne t'es-tu pas fait pope ? insinuai-je ; mais il ne rit point à cette plaisanterie qui l'eût fait s'esclaffer en d'autres circonstances.

— Pour moi le Très Saint-Patriarche est déjà mort ! poursuivit-il. On nous le cache pour préparer, pour falsifier, tout à loisir, l'élection de son successeur.

« Avec lui se sera éteinte la dernière lumière de la Foi, se sera écroulé le rempart de la Chrétienté véritable ! »

Quand Panaïoti se mettait à philosopher de la sorte, c'était ou qu'il ne savait rien, ou bien qu'il ne voulait rien dire.

James n'insista pas.

— Allons, vieux, nous ne sommes point venus ici pour nous lamenter sur le sort de tes coreligionnaires. Il ne m'inquiète qu'à moitié. Ils en ont vu d'autres et de pires et ils s'en sont toujours tirés !

« Nous sommes là pour nous amuser. Tu nous procureras un guide, demain, qui nous fasse visiter les endroits où l'on se distrait malgré la police de Kémal. »

Et, comme le gros Grec protestait qu'il n'existait plus une « boîte », digne de ce nom, dans tout Stamboul, il le prit vivement par le bras, le fit pivoter sur lui-même et le propulsa vers la porte, en disant :

— Eh bien, débrouille-toi ! Mais nous entendons rigoler.

« ... S'il n'est point convaincu, cette fois, que nous sommes en mission spéciale, reprit-il, lorsque les pas lourds du gérant se furent éloignés le long du vestibule dallé, je me fais gabelou au retour.. Il va se creuser les méninges pour deviner qui nous occupe et je pense que, jusqu'à demain, il nous fichera la paix royale. D'ici là. Mais... »

Il s'arrêta et ce fut avec une grimace qu'il prononça :

« *Damn-it* ! Pourvu, tout de même, qu'il n'ait pas raison... que nous n'arrivions pas trop tard. »

* * *

On croit assez généralement que le lien, ce lien d'obédience qui unissait les Églises russes au Patriarche œcuménique de Constantinople n'était plus que nominal depuis des siècles.

C'est une erreur, à mon avis...

Non seulement tous les dirigeants du Saint-Synode ont conservé de Byzance une sorte d'empreinte, indélébile, qui se traduit, superficiellement, tout au moins, par un goût presque maladif pour le secret, pour le mystère, — là même où il n'y en a point, — mais, avant 1918, tout un écheveau, compliqué à plaisir, d'hiérarchies occultes existait entre Stamboul et Kief entre Kief, Moscou, Pétersbourg.

Phanar, septembre 1929

Sans cesse des *strannis*, des *staretz* cheminaient d'une ville à l'autre.

Certes le Phanar n'ordonnait point. Il recommandait, suggérait, mais l'on peut dire, sans se tromper, que son influence s'exerça même dans le domaine politique, puisqu'il « anima » constamment, — indirectement il est vrai, — avec une unité de vue véritablement prophétique, pour ne citer que ces deux-là, Constantin Pobiednotseff, le créateur du Pan-Slavisme, conseiller intime et ami le plus cher d'Alexandre III et son continuateur von Plehwe, le mentor de Nicolas II, le fondateur de l'Okrana, dont l'assassinat (1) entraîna la débâcle de l'absolutisme.

Mieux placé que le Saint-Synode pour juger la situation européenne dans son ensemble, le Phanar, — j'en ai eu des preuves, — avait prévu, dès le début de juillet 1914, la catastrophe où sombrerait — combien de temps ? — l'Empire des Tzars !

Sa Béatitude Basil III n'avait-Elle pas dit textuellement au père Quètand, rédemptoriste, qui entretenait avec Elle d'affectueuses relations, alors qu'il pratiquait ses fouilles du côté du tombeau d'Achille :

— *Une telle guerre ne sera pas populaire dans la masse russe. L'idée d'une révolution lui est beaucoup plus familière qu'une victoire sur les allemands...*

« *Enfin les peuples ni les hommes n'échappent d'une heure à leur destin* » après quoi, Elle s'était signée.

Aussi était-on préparé, aux rives orthodoxes du Bosphore, sitôt les premiers ébranlements de la puissance moscovite, à recueillir toutes les archives religieuses de la Sainte-Russie.

Le Bolchevisme ne semble pas, d'ailleurs, un mal irrémédiable, bien au contraire, aux Igoumènes.

Certains d'entre eux n'y voient-ils pas une sorte d'épreuve nécessaire, d'où le mysticisme de l'âme slave doit renaître comme épuré, en renouveau de foi ardente, une foi enfin débarrassée de ce qu'il leur plaît d'appeler la pourriture occidentale.

Et tels fanatiques ne sont point éloignés de bénir, au fond, ceux des maîtres de l'U. R. S. S. qui tendent à rendre la Russie à ses destins asiatiques !

※
※ ※

...J'ai été reçu en audience au Vatican, à maintes reprises, et il n'y a pas si longtemps. J'ai perquisitionné, deux fois, au Phanar en 1920 et j'y ai découvert la preuve du rôle joué par les moines bulgares de tel couvent du Mont

---

1. Juillet 1904.

Athos au cours de la « guerre sous-marine », en tant que pourvoyeurs d'essence et ravitailleurs des « U schiffs » qui opéraient, en ce temps-là, dans les passes du Dodécanèse.

Ces visites symbolisent pour moi, mieux que tous les traités possibles de théologie compliquée, les différences fondamentales qui existent entre les deux branches maintenant divorcées, affrontées, du Christianisme primitif.

D'un côté, un palais somptueux, où tout n'est qu'ordre et harmonie, de l'autre un enchevêtrement de constructions basses, dépourvues de toute unité, de tout style, n'ayant qu'une seule commune mesure, la pénurie presque complète d'ouvertures sur l'extérieur et où — le seuil étroit franchi — on se perd, tout aussitôt, dans un dédale enchevêtré de couloirs, d'escaliers obscurs, de culs-de-sac, d'in pace.

Pourtant il est un point commun entre les deux Églises adverses.

Dans toutes deux, les sacristains ont, à peu près, la même façon de traîner les pieds sur les dalles et sont doués du même air cafard.

...Le vieil homme qui nous accueillit dans le vestibule du Phanar ne manquait point à cette règle.

Confit dans sa soutane crasseuse, que les pellicules constellaient, il nous fit entrer, sur la gauche, dans une pièce étroite, obscure, meublée de chaises dépareillées, dont les murs s'ornaient de chromos dans le pire goût Saint-Sulpicien et s'informa, alors, en grec, — en s'inclinant fort humblement, — du désir de nos Seigneuries.

Cependant son regard louchon nous avait déjà, d'en dessous, jaugés, méprisés, peut-être craints.

Je connais assez la « maison » pour savoir que cette salle d'attente est réservée, à l'ordinaire, aux visiteurs sans importance, aussi répliquai-je, en français, sur un ton de mécontentement :

— Mais, voir le Patriarche, parbleu !

— Etre admis à l'honneur d'avoir une audience particulière du Très Saint Basil III, mon brave ! confirma Nobody, railleur...

Cinquante années d'hypocrisie avaient donné au phanariote une parfaite maitrise de soi ; pourtant cette requête effrontée fit blêmir sa laide face huileuse.

Il eut un regard effaré à l'adresse des fâcheuses images de sainteté, pendues au mur, et ne sut que répondre en grec, d'une voix basse, presque effrayée :

— Mais il faut que Vos Seigneureries fassent une demande par écrit, avec l'exposé des motifs, l'objet détaillé, les raisons de la visite qu'ils désirent faire

PHANAR, SEPTEMBRE 1929

à Sa... à Sa Béatitude. La Secrétairerie répondra et accordera s'il y a lieu !

L'effarement du fantoche était, certes, assez réjouissant à voir, encore que fort compréhensible.

Imagine-t-on la « tête » que ferait un suisse, ou bien un garde-noble, à la porte du Vatican, si un quidam lui enjoignait de le conduire, sans plus tarder, en la présence du Très Saint-Père !

Or, s'il est beaucoup plus obscur pour la masse de la Chrétienté, le Patriarche œcuménique est peut-être moins accessible que le vicaire du Christ à Rome.

— Dépêche-toi ! Nous sommes pressés ! reprit Nobody, d'un air rogue, avec ce dédain des *natifs* naturel à tout bon Anglais.

Le sacristain se tortilla.

— Je ne puis que vous répéter...

— C'est bon, coupai-je. Soit ! Mène-nous à l'archimandrite Théophane.

« Tu lui diras qu'il y a quelqu'un qui attend pour lui rapporter la croix d'or de la chapelle arménienne des Saintes-Servitudes. »

Mon ami me considéra d'un air qui voulait dire :

— Eh bien, vous ne manquez pas de « culot » !

Le fait est qu'il y avait onze ans, cette croix pectorale d'or — mais creuse — avait joué un rôle décisif dans le procès du pope Dionis, émissaire hardi des Soviets, fusillé à San Stéfano, après qu'il eut été vendu pour mille livres par le personnage déjà influent du Phanar qu'était l'igoumène Théophane (1).

Ce coup-ci le vieux sacristain parut tout décontenancé.

— Je vais voir si Son Éminence est visible, soupira-t-il. D'ici là que Vos Excellences daignent attendre.

— Ici ? Ah mais non !

L'homme comprit définitivement qu'il avait commis un impair et, vaincu, il nous entraîna, mais sans aucune bonne grâce, par un cloître complètement désert, jusqu'à une sorte de rotonde, éclairée par des godets d'huile, tellement surchargée de dorures qu'elle semblait l'intérieur d'une châsse.

Nos regards eurent d'abord du mal à s'habituer à cette pénombre, mais nous eûmes tout le temps voulu pour apprécier les détails de la mosaïque byzantine archaïque à quoi s'accrochaient les reflets tremblants des veilleuses.

Et même, comme notre guide tardait, j'avoue qu'un insidieux malaise m'envahit, sous les grands yeux vides des saints immenses qui nous fixaient des murs, des voûtes, des vitraux.

---

1. Dans la hiérarchie catholique igoumène correspond à prêtre et archimandrite correspond à archiprêtre et donne droit au titre de Monseigneur.

Et ce perpétuel glissement d'ombres vagues, qu'on entrevoyait par la porte en forme de trèfle, achevait de décaper les nerfs, tandis que mouraient sur le seuil — sous ces frôlements étouffés — les bruits mystérieux du palais : tintement argentin d'une clochette, dernier écho d'une psalmodie.

A coup sûr on nous épiait !

Et ce bougre de sacristain qui ne revenait toujours pas !

...Enfin, il reparut, au bout d'une demi-heure interminable, plus obséquieux et plus cafard, et, sans un mot, il nous fit signe.

Des couloirs voûtés, bas, si bas que je pus craindre que Nobody, plus grand que moi, s'y assommât !... des escaliers de casemate qui descendaient pour remonter, sans raison, quelques mètres plus loin... des courettes humides, obscures, lourdes de tous les relents d'Orient... des chapelles entr'aperçues, si sombres que les lampes écarlates, brûlant devant l'iconostase, n'éveillaient point un scintillement.

L'impression nous gagnait, tous deux, que le rythme moderne de nos pas commettait, en un pareil lieu, une espèce de sacrilège.

Des *papas*, nous apercevant, s'effaçaient, soudain, devant nous, puis se fondaient dans les ténèbres.

Le vieillard avançait toujours, à croire qu'il tentait de nous perdre par le tortueux labyrinthe.

...Un moment nous fûmes saisis, roulés dans les ondes sonores d'un chant liturgique, rauque, sauvage, d'une désespérance infinie, clamé par des basses magnifiques.

L'homme trottait toujours, comme un rat, et ce défilé silencieux tenait, à force, du cauchemar.

Encore étions-nous écœurés par l'odeur indéfinissable qui s'attache au culte byzantin, et qui obsédait nos narines, mélange d'encens, de sueur, de crasse, de moisi et d'étoffes humides.

Brusquement notre guide s'arrêta devant une porte dissimulée par le déroulement d'une fresque très ancienne, aux couleurs éteintes.

Il gratta, ouvrit.

Et le choc, le choc visuel que je reçus, me fit l'effet d'un coup de poing, décoché en pleine figure.

...L'archimandrite Théophane était assis, quand nous entrâmes, derrière un énorme bureau à cylindres, genre américain, et il tapait à la machine, — une *Underwood* dernier modèle, — avec une vélocité méthodique de professionnel.

PHANAR, SEPTEMBRE 1929

L'ameublement se composait de classeurs, de sièges de cuir, de nombreux fichiers d'acajou.

Et la pièce, crépie à la chaux, éclairée par des baies très vastes, donnant sur un jardin planté de beaux arbres fruitiers séculaires, s'emplissait d'une épaisse fumée odorante de cigare cher.

De fait, dès qu'il nous aperçut, le haut dignitaire orthodoxe écrasa précipitamment un *Henri-Clay* dans une coupe et s'en vint au-devant de nous, empressé, les deux mains offertes.

Il était énorme, à présent, rouge, luisant, apoplectique, crevant, comme on dit, de santé.

Mais le poil dru qui lui montait en broussaille lustrée jusqu'aux yeux était toujours du même noir d'encre et les prunelles, toujours liquides, sous les paupières, un peu plus lourdes, conservaient ce même reflet à l'éclat métallique terni.

— Ah, capitaine, fit-il, avec une cordialité effusive, en m'enveloppant longuement les doigts de ses deux paumes molles, spongieuses, moites. Que c'est aimable à vous, vraiment, de vous souvenir ainsi de moi ! Quel honneur de vous recevoir en cette maison, — il eut un geste qui embrassait son « entourage » saugrenu de businessman,— où j'essaie d'introduire un peu du modernisme indispensable, quitte à passer, près de certains, pour un suppôt du Vieil Ennemi !

Il parlait un français correct.

Ce fut en anglais, toutefois, qu'il reprit, incliné vers James

— *Delighted, I am sure, to meet the famous Nobody* (1).

Pas plus que moi, mon camarade n'était dupe de cette politesse orientale exubérante.

Pour l'archimandrite Théophane, nous représentions, certainement, des ennuis probables en puissance, peut-être — savait-il ? — un danger.

...Jambes croisées, à demi vautré sur le canapé de cuir *tan*, après nous avoir établis dans de lourds *« morris »* confortables, notre hôte crut enfin opportun de s'enquérir de la raison de notre présence au Phanar.

— Mon Dieu, voilà...

James me jeta un coup d'œil, l'air embarrassé.

Et je repris, jouant son jeu :

— Voilà, mon ami eut souhaité voir Sa Béatitude, afin...

— Pour une petite question privée, acheva Nobody, paisible.

---

1. Enchanté vous pouvez m'en croire de faire la connaissance du fameux Nobody.

— Ah ! Très bien ! Mais c'est entendu ! s'exclamèrent les lèvres épaisses.

Et le ton semblait dire : « Ma foi, à vous voir ici, tous les deux, j'aurais cru à des exigences plus impérieuses, plus corsées ! »

« ... Comment donc, je serai ravi de vous rendre ce petit service. »

La voix prit un temps et la bouche lippue se plissa sous la barbe.

« Seulement, n'est-ce pas, pour le moment, cela m'est un peu difficile. Je suis navré, vous tombez mal. Sa Béatitude est grippée.

« Oh rien de sérieux. »

L'exposé prenait un tour confidentiel :

« Indisposition passagère, mais avec un vieillard usé, de l'âge du Très Saint-Patriarche, les médecins sont tenus de prendre des précautions justifiées et les visites sont suspendues.

« Bien sûr, s'il ne tenait qu'à moi, je transgresserais volontiers ces consignes pour vous obliger. Mais je m'attirerais les foudres des *Episcopoï*, figés dans une tradition rigide.

« Pouvez-vous patienter huit jours ? D'ici là, l'illustre égrotant sera certainement remis et je me ferai un plaisir de vous obtenir votre audience ».

Dès le début de ce discours, mon opinion se trouvait faite.

Malgré son sourire de commande et son pathos anesthésique, Théophane suait le mensonge.

Pas de doute, le vieux Basil III devait être aux portes de la mort et on chambrait son agonie — Panaïoti l'avait senti — pour préparer sa succession, au gré de la brise nouvelle soufflant d'Asie sur le Bosphore.

Le « Jeune-Phanar », ne laisserait point échapper cette belle occasion de prendre les leviers de commande.

— Huit jours, bien sûr. Quinze s'il le faut ! répondit Nobody, jovial. Cela n'a vraiment rien qui presse !

Peut-être l'archimandrite mit-il à nous reconduire vers la porte extérieure du Phanar — par un chemin beaucoup plus court — un empressement trop marqué, légère erreur de tactique.

Mais sa « victoire » devait le rendre plus cordial, plus exubérant.

Sans doute, songeait-il, à part lui :

« D'ici huit jours Basil sera exposé sur un catafalque et il faudra, mes bons amis, vous contenter d'aller baiser pieusement la main de sa dépouille. »

Si bien que ce fut seulement dans le vestibule terminal qu'il nous posa la question que j'attendais, depuis le début :

— Au fait, peut-être, eus-je pu, moi-même, vous procurer, sans plus tarder,

les renseignements que vous comptiez demander au Saint-Patriarche.
  « Toutes les archives de l'Église sont à ma disposition. »
  — Alors, faites attention mon vieux, lui lançai-je en flèche de Parthe. A trop bien connaître leurs secrets, on ne fait guère de vieux os !

*
* *

Inutile, n'est-ce-pas, que je conte comment nous semâmes l'« apprenti » qui fit de son mieux pour nous suivre, après notre sortie du Phanar, ni quelles furent nos tractations avec l'Arménien Braïdjian quand, plus tard, entre chien et loup, nous nous glissâmes discrètement dans sa boutique empuantie.

*
* *

Bien qu'il fût une heure du matin, personne ne dormait au Phanar, assurément, cette nuit-là.

Et quand les deux abbés mitrés des couvents russes du Mont Athos — Pantalelmon et Saint-André — débarquèrent d'automobile devant l'épaisse porte cloutée et s'enquirent, auprès du portier, de l'igoumène de service, l'immense bâtiment composite retentissait d'une rumeur, d'un bourdonnement confus, plutôt, semblable à celui d'une ruche.

Le *papas*, qui les vint saluer, savait tout ce qui était dû à ces électeurs influents, dont la parole serait de poids au cours du très prochain conclave aussi, s'empressa-t-il près d'eux, s'inquiéta-t-il de leurs besoins, après leur avoir pieusement, comme il convient, baisé l'épaule.

Ils refusèrent la collation qu'il offrait de leur faire servir, de cette voix basse, à l'accent rauque, des solitaires qui ont perdu jusqu'à l'habitude de parler et, se disant las de la route, — ils avaient fait toute diligence sitôt les messages reçus, — réclamèrent seulement une cellule où il leur fût loisible, céans, de se recueillir, avant de réparer leurs forces épuisées, par quelques heures de sommeil.

Puis, le rite d'hospitalité (1) accompli par un jeune diacre, — Dieu, qu'ils avaient donc les pieds oints d'une sainte et ancienne crasse ! — ils furent conduits, en petite pompe, à l'appartement qu'entre temps l'igoumène-économe, prévenu, avait fait préparer pour eux.

Les cahots des mauvais chemins parcourus depuis Cavalla — soit quelque

1. Lavement des pieds rituel qui a lieu dans une salle ad hoc.

cinq cents kilomètres — devaient certes les avoir moulus, car à peine furent-ils installés dans une vaste chambre, meublée en « second Empire » authentique, qu'ils s'abattirent, côte à côte, sur l'immense lit démesuré d'une largeur assez anormale, témoin éloquent mais muet des passe-temps fort singuliers auxquels se livrent tels éphtémis.

Qui fût entré, — ah discrètement et sur la pointe des pieds, bien sûr, — pour s'assurer qu'ils reposaient, dans le demi-heure qui suivit, les eût trouvés ronflant déjà à poings fermés et tout vêtus, insoucieux de la courte-pointe qu'ils salissaient paisiblement de leurs bottes suiffées et crottées et de leurs cheveux gris, huileux.

❊
❊ ❊

— *Get a move on you*(1) !

Nobody me poussa doucement du coude.

Avec sa barbe turgescente il ressemblait au moins autant à un bandit de grand chemin qu'au chef d'une des communautés les plus riches de l'Ancien monde.

— *Yes a bloody move*(2) ! reprit-il.

...Il est bien rare qu'un mot douteux échappe aux lèvres courtoises de James.

Je compris quelle tension d'esprit cette grossièreté trahissait, quelle réaction elle traduisait contre l'envoûtement de l'ambiance.

Il étouffait moralement dans sa défroque d'anachorète.

Et cette explosion énergique l'empêchait d'être dévoré par le personnage qu'il jouait.

Je lui répondis en français — le français, sans accent tonique, est la langue qui se chuchote le plus aisément ; elle est celle qui s'entend le moins à distance.

— J'ai un point de repère précis. Nous nous trouvons tout à côté de la chapelle de Saint-Euloge.

Bénie soit cette vieille canaille providentielle de Braïdjian !

Dieu fasse que la reconnaissance, pour d'anciens services rendus, demeure une vertu arménienne !

Non seulement les deux frocs de l'ordre du bienheureux Saint-Athanase,

---

1. Grouille-toi.
2. Grouille-toi, N.. de D...

procurés par le brocanteur de Top-Hané étaient exacts, fidèles dans leurs moindres détails, mais le plan du patriarcat — acquis à prix d'or — était clair !

...Nos colts, au cran de sûreté dans la poche droite de nos soutanes, nous nous glissâmes dans le couloir.

Il semblait heureusement désert, mais, cependant, la nuit vibrait comme de présences invisibles.

Un chant infiniment lugubre montait du sanctuaire tout proche, où je reconnus les accents, scandés de *« Paraskhou, Kyrie »*, du psaume pour les agonisants.

Précédé de thuriféraires, un officiant nous croisa, sans qu'ils parussent prendre garde à nous, enveloppés qu'ils étaient, tous trois, d'un épais nuage d'encens et si dorés qu'ils avaient l'air d'être descendus d'une icône.

Nous allions, résolus à tout, usant du plan aux carrefours des corridors embrouillés.

Enfin, tels passages franchis, tels méandres nombreux parcourus, nous fûmes sur le seuil souterrain derrière lequel veillait la Tueuse !

Qu'elle fût là ?

A n'en point douter !

Il n'y avait qu'à écouter le râle crépitant, régulier, qui dominait, par intervalles, les derniers échos liturgiques, arrivant du monde des vivants.

Nous poussâmes une porte ferrée.

Dans une cellule complètement nue, et qu'éclairait funèbrement une lampe rouge d'iconostase, un vieillard agonisait, seul, sur un lit de sangles, un grabat.

Seul ? Ou tout au moins à l'écart de toute pieuse présence humaine.

Car les yeux qui vivaient encore, et de quel éclat, se fixaient sur une icône gigantesque de la Très Sainte Vierge Marie, rutilante de pierres précieuses, qu'un chevalet maintenait droite au pied du misérable lit.

Une gloire de ce monde passait !

...J'aurais eu scrupule d'interrompre ce muet colloque mystique, si profond que le moribond ne soupçonnait point notre présence.

Mais déjà James, sans hésiter, s'était approché de la couche, après avoir sorti l'icône de saint Séraphin de Sarof d'une poche intérieure de son froc.

Basil III eut un tressaillement.

Son regard se détacha de la Reine de Miséricorde.

Ses mains cireuses grattèrent le drap.

Et, en me penchant à mon tour, j'entendis monter de ses lèvres, craquelées par la fièvre et exsangues :

— Je vous pardonne. Mais que les chiens attendent que je sois refroidi pour se disputer mes vieux os ! Tant d'impatience est sacrilège ! Laissez-moi m'endormir en paix.

« Élisez qui vous désirez. Mais vous n'empêcherez jamais que la volonté du Très-Haut se manifeste avec éclat. Je ne vous hais plus. Partez vite. »

— Père ! murmurai-je.

L'émotion, la déférence de ma voix parurent l'étonner et, sans doute, dut-il soupçonner quelque chose.

Et puis son regard effleura l'image pieuse que James lui tendait.

Il vit l'auréole enlevée et son corps eut un tel sursaut que je crus bien qu'il trépassait.

— Père, répétai-je. Il faut parler !... à vos amis Teddy Legrand, James Nobody, vous savez bien qui vous rapporta les paroles suprêmes du Patriarche Thikkone (1).

« Il faut nous aider à comprendre le secret de cette inscription. Le sang des justes crie vengeance. Père, qu'il vous plaise d'offrir au ciel le sacrifice précieux de vos dernières minutes terrestres. Le juge est là. Il est tout proche !

— Le calice ! Ah ! Éloignez-le !

Les lèvres frémirent quelques instants comme pour une très courte prière. Visiblement, — miracle divin, miracle d'une volonté maîtresse, — le mourant retrouva des forces.

Je crois même qu'un sourire passa sur son visage éburnéen.

« Vous les avez bernés, mes fils. Vous êtes parvenus jusqu'à moi ! »

Nobody insista, pressant.

— Parlez, parlez vite *my lord* ! Si vous ne nous éclairez point, la tache de sang s'étendra, cette fois-ci, sur toute l'Europe et la chrétienté périra.

— Trop tard ! gémit la voix cassée.

Depuis onze ans j'ai attendu cette icône de la Tzarine.

« Des émissaires sûrs ont battu, en tous les sens, la Sibérie. Rien, jamais ; je n'ai jamais su. Et elle ne m'arrive qu'au moment où les portes de la Mort s'entr'ouvrent. Mes pauvres yeux n'ont plus la force de lire le message. Que dit-il ? »

---

1. Torturé par la Tchéka et que Nobody réussit à approcher — mais ceci est une autre histoire — à temps pour qu'il révélât la cachette du trésor du Saint-Synode que les Bolcheviks voulaient s'approprier.

Je le lui chuchotai.

Ses doigts cherchèrent alors et puis frôlèrent les caractères aigus, gravés sur la surface d'argent poli.

— Oui c'est bien là leur écriture ! Alexandra ; le pauvre Nicky ! Comme il avait raison. Trop tard !

Je n'eusse jamais cru que ce corps émacié contenait encore de pareilles réserves d'énergie, une vitalité aussi grande.

L'âme magnifique dominait la défroque terrestre épuisée, la bandait, la galvanisait.

La pensée lumineuse jaillit de la caverne de la bouche, sous une forme étrange certes et bien faite pour dérouter.

— Quand le fantôme d'Alexandre III paraissait aux séances magiques de la loge de Tsarkoïé et communiquait à son fils ses instructions d'outre-tombe (1), nous savions ici, par avance, en quels termes le feu tzar parlerait.

« Philippe ne se fût pas risqué à encourir notre anathème. Ce fut un instrument précieux.

« Son neuf prestige médianimique sur le mysticisme de la cour renforçait nos avertissements, ceux qu'il nous fallait faire entendre... »

Le vieillard qui s'était soulevé sur ses oreillers retomba.

Son souffle haletant lui manquait.

Il voulut continuer quand même.

« Seul le Tzar pouvait empêcher que les prédictions s'accomplissent... La bataille d'Armaggeddon. Le combat de l'Apocalypse. Les chevaux blancs. L'Hydre à sept têtes et aux sept couronnes. L'Hydre verte ! »

Délire sacré ! Vision qu'apporte l'approche imminente de la mort.

Les yeux caves s'écarquillaient.

L'être qui vaticinait ainsi n'était déjà plus de ce monde.

Prophétie ? Cauchemar ? Tourbillon de ces suprêmes souvenirs qui hantent ceux-là qui vont passer ?

« Les mauvais bergers sont vêtus de la dépouille des brebis. Une tête coupée, deux têtes repoussent. Raspoutine, marionnette maudite ! Haine à l'Europe, haine à celui qui voulait la paix perpétuelle. Du sang sur la tunique blanche ! Les deux fous de Sérajévo. Nul n'a compris que l'Hydre verte avait armé le bras du Serbe... Si vieux qu'il soit le fils d'Helles, sur son roc, son roc d'or, n'est pas rassasié... Le cerveau est aux terres glaciales, si les tentacules s'étendent et se ramifient sur le monde... Sainte Russie, barrière de l'Europe,

---

1. Voir, en confirmation les Mémoires de Paléologue, tome III, page 93.

soutien de l'Église, si tu cèdes, les cavales de Tamerlan se baigneront aux rives de Bretagne.

« Merci, Seigneur, je ne verrai pas le temps d'abomination. Un souffle a passé sur ma face et mon poil se hérissa.

« L'Anglais, s'il arrive, la Russie ébranlée retrouve une armée et la vague germanique se brise. Mais l'abîme s'est entr'ouvert. Les forces du mal sont déchaînées. Rien ne peut plus les arrêter.

« Si, pourtant, un homme, ce Juif, ce Rathenau qui voulait faire l'alliance franco-allemande. Nous avons conféré longuement. Il voyait clair... mais ils l'ont tué. Et le temps approche où l'Europe tremblera sous les éperons acérés de l'*Homme aux deux Z*.

« Trop tard. Non, peut-être, si vous...

...Nous étions tellement suspendus, Nobody et moi, aux paroles hoquetantes du moribond que nous n'avions pas entendu la porte de la cellule s'ouvrir.

Un cri du vieillard nous sauva, un cri étranglé d'épouvante.

Derrière nous un *papas* géant brandissait, comme une massue, un énorme chandelier de cuivre.

D'un coup de poing sous le sein gauche, Nobody l'envoya rouler.

Et ce fut, en quelques secondes, aux côtés de l'agonisant, une mêlée atroce et confuse.

Un flot furieux d'hommes en lévites se ruait sur nous dans un tumulte d'imprécations grecques mâchées.

En un clin d'œil nos fausses barbes et nos perruques furent arrachées. Nous aurions sûrement succombé sous les griffes de ces forcenés et sous leurs armes improvisées, si l'excès même de leur rage et l'exiguïté du lieu n'eussent rendus leurs coups maladroits et leurs gestes mal assurés.

Serrés de trop près pour pouvoir faire usage de nos pistolets, qu'il eût fallu d'abord atteindre, nous nous défendions bien, pourtant, et chacune de nos ripostes mouchait son homme, d'autant mieux qu'une lourde croix d'argent massif et un encensoir d'or bosselé, arrachés dans le corps à corps, constituaient, entre nos mains, des outils » assez efficaces.

Bousculée, l'icône de la Vierge dégringola du chevalet, causant un remous dans la masse.

Je bondis.

Fig. 5.

Le cadavre embaumé de Sa Béatitude Basil III, patriarche de Constantinople, ligoté sur son trône, selon le rite orthodoxe.

(Photographie prise le 1er octobre, deux jours après notre fuite du Phanar et obligeamment communiquée par Ibrahim Bey, de la Sûreté ottomane.)

— Hello Nobody ! m'écriai-je.

En deux tournoiements, je brisai les deux lampes à huile.

Et, dans l'obscurité totale, à travers le grouillement humain qui puait la sueur et le bouc, sous les vociférations, nous parvînmes à gagner la porte.

Ce fut le début d'une course éperdue par les corridors, les galeries, les couloirs déserts ; mais, cette fois, nos deux colts au poing, nous n'avions plus grand'chose à craindre, d'autant plus que nos agresseurs paraissaient vouloir se borner à nous faire prisonniers vivants.

L'horreur de ma dernière vision du patriarche m'obsédait, cependant que j'accélérais mon pas gymnastique, coude à coude avec Nobody, étonnant d'endurance pour un gros monsieur qui a dépassé cinquante ans.

...Le corps desséché, écroulé en arrière en travers du lit, la tête blanche touchant le sol, les traits ivoirins révulsés, la bouche ouverte comme figée sur le suprême cri d'effroi...

Une aube sale qui pointait timidement par les vitraux, nous permit de nous diriger, à bon escient, vers la sortie.

Nous avions distancé la meute ; mais, un instant, à un détour, des bruits de pas se rapprochant nous firent croire qu'un obstacle nouveau allait se dresser devant nous.

Ce n'étaient que deux garçonnets, aussi beaux que des chérubins, d'une touchante gravité sous leurs soutanelles trop grandes.

Sitôt qu'ils aperçurent nos armes, ils se jetèrent à genoux épouvantés, implorant grâce.

Toujours courant, nous étions loin avant qu'ils songeassent à crier.

Enfin une fenêtre s'offrit.

La briser, sauter de trois mètres dans l'espèce de petit jardin qui entoure les murs, peints en bleu délavé, du Patriarcat, escalader la grille médiocre qui protège — très mal — le Phanar ... cette fois-ci nous étions sauvés et plus riches de renseignements d'une valeur inestimable que nous n'eussions pu l'espérer.

A nous regarder mutuellement, notre gaîté reprit ses droits. Et nous éclatâmes de rire, plus peut-être par réaction, naturelle, due sous l'effet du spectacle cocasse, à coup Mûr, que nous présentions l'un et l'autre.

Quelle touche en effet nous avions, avec nos barbes décollées, nos soutanes en loques, nos visages égratignés et tuméfiés.

Fut-ce cette dégaine singulière ou bien le fait que, porteurs d'armes apparentes, nous contrevenions aux Édits de Kémal Pacha ?

PHANAR, SEPTEMBRE 1929

Toujours est-il que les *zaptiés* ottomans qui rentraient bredouilles d'une tournée dans Balata(1) n'hésitèrent pas une seconde à nous mettre la main au collet !

Braves pandores à toque d'astrakhan ! Providentielle sauvegarde 1

Des ombres commençaient à grouiller sur l'étroit parvis de Saint-Georges, sous la porte de Fanar-Kapou.

Que serait-il advenu de nous, si les igoumènes avaient pu alerter la plèbe fanatique qui gîte dans les ruines byzantines de l'ancien Pammacaristos, les ruelles d' EivanSeraï, les taudis de Petri-Kapou, en nous désignant à sa rage comme les assassins de Basil ?

Nous eussions été écharpés avant même d'avoir pu atteindre le Vieux-Pont ou la Corne d'Or !

Tandis que sous la protection un peu brutale des *djandarma* !

— *Tchabouk yapalim ! Karakol*(2) !

Devant ces délinquants bizarres, qui réclamaient, avec instance, d'être conduits au commissariat, les deux policiers hésitèrent.

Peut-être eurent-ils l'impression qu'ils se fourreraient dans un guêpier.

Mais comme Nobody poursuivait :

— *Haidé ! Barber guéliniz ! Tchliké var ! Tchok bakchich*(3) ! ils nous entraînèrent aussitôt, d'un bon pas, fendant d'un *Varda*(4) ! impérieux le rassemblement, d'allure hostile, qui commençait à nous entourer de toute part.

Quelques coups de matraque suffirent à provoquer l'égaillement immédiat des « curieux » (?) sortis des impasses avoisinantes et nous n'eûmes, bientôt, sur nos pas, que quelques phanariotes obstinés, rôdant à distance derrière nous, comme l'hyène qui redoute les cailloux de la caravane qui passe.

Bien que, depuis notre arrivée à Stamboul, James n'eût point cessé de pester contre le Ghazi, sa bonne foi l'obligea pourtant à reconnaître, qu'en certain cas, la dictature de Kémal avait des effets excellents.

Au lieu de l'ancien *Karakol*(5), fétide, qu'on découvrait jadis à l'entrée du

---

1. Le vieux quartier juif proche du Phanar.
2. Faisons vite, au commissariat !
3. Dépêchons, accompagnez-nous. Il y a du danger. Gros pourboire.
4. Gare !
5. « Violon »

Balouk-Bazar, nous trouvâmes un poste de police, moderne et propre, un brigadier et des inspecteurs fort courtois, un secrétaire intelligent.

Et vingt minutes ne s'étaient point écoulées que le téléphone ayant joué, sur l'instigation de James qui sait parler aux Turcs, une automobile nous venait cueillir à la porte du Merkez et, sous l'escorte de nos zaptiés, nous emmenait à Eski-Seraï (1), affecté maintenant aux services de la préfecture de police, le *Poliss bath mudirieti*.

Entre temps la distribution opportune de vingt *medjidiés* nous avait valu les bonnes grâces déférentes de nos argousins et permis, au moyen d'eau chaude, de savon et d'alcool tiré d'une pharmacie portative, de nous refaire une apparence presque respectable, qui cadrait avec nos lévites recousues et respectueusement brossées.

Aussi faisions-nous, de nouveau, quasi figure de gentlemen, — ce malgré notre accoutrement, — lorsqu'un huissier nous fit passer dans le cabinet de l'*oula* (2) qui tenait à nous recevoir.

Le bureau du « *commissionner chief of control* » de Scotland Yard n'est certes pas aménagé avec une plus sobre recherche que celui où nous pénétrâmes et je n'ai guère connu en France qu'un grand préfet — corse — qui ait pu rivaliser, comme élégance, avec le beau garçon bronzé, habillé manifestement par un tailleur chic de Bond-street, qui nous considérait d'un air mi-sévère, mi-intrigué.

— Vous me devez une revanche au poker d'as ! Ibrahim bey, m'écriai-je, en reconnaissant dans le haut fonctionnaire, assis derrière un bureau encombré, cet ancien petit inspecteur qui avait,, un temps, émargé — grassement, ma foi — à nos services et auquel j'avais, bien souvent, prédit une ascension rapide, en y contribuant, par mes notes, dans la mesure où je pouvais.

Sa surprise fut aussi franche, me sembla-t-il, que son plaisir — légèrement orgueilleux, peut-être — d'être en situation présente de me rendre service à son tour.

— Vous, capitaine ! Ah par exemple. *Machallah !* Si je m'attendais.

Je lui présentai Nobody qu'il n'avait sans doute pas connu et la déférence qu'il marqua, dès lors, à mon vieux compagnon me prouva que son savoir-vivre égalait sa diplomatie.

De celle-ci nous devions avoir un témoignage plus positif par la suite de notre entretien.

---

1. L'ancien ministère de la Guerre.
2. Haut fonctionnaire de la p°lice ayant le rang de colonel.

— Je n'ai pas à savoir, Messieurs, nous déclara-t-il en substance, comment vous vous êtes attirés cet... excès d'hospitalité de la part du Patriarcat.

« Je puis vous assurer, toutefois, qu'étant données les circonstances, les *épitropes* se garderont bien de porter une plainte contre vous...

« L'archimandrite Théophane est trop avisé, selon moi, pour attirer l'attention sur les événements singuliers qui ont précédé, au Phanar, la mort du dernier Patriarche. Mais oui, son décès vient de m'être confirmé officiellement.

« Je ne crois pas, du tout, qu'il tienne à ce que les foules orthodoxes apprennent, par des gens dignes de foi, que Sa défunte Béatitude n'eut peut-être pas exactement une fin... paisible et naturelle ! »

Je souris, ravi.

Ibrahim était décidément très fort et méritait son avancement.

Il *savait* déjà les détails de notre petite mésaventure.

En soupçonnait-il les raisons ?

Il parut très fier du coup d'œil d'« appréciation professionnelle » que je lui lançai et surtout du « *Fine work* » (1) dont Nobody souligna mon approbation.

— ... Toutefois, je serais désolé, reprit-il, au bout d'un moment, d'avoir à vous accompagner au cimetière de Balekli et d'être obligé de classer votre trépas prématuré sous la rubrique des accidents... Je crois donc que nous sommes d'accord.

— Le premier train pour Andrinople part toujours à 14 h. 30 ? s'enquit Nobody, tranquillement.

— Dans ce cas-là, est-ce abuser, cher ami, de vous demander d'y vouloir bien faire retenir deux couchettes superposées ? demandai-je, toujours souriant.

※
※ ※

---

1. Beau travail !

Il suffira qu'on sache ici que ce fut Ibrahim, lui-même qui fit régler nos notes d'hôtel et y fit reprendre nos valises et qu'il nous conduisit, ensuite, à la gare de Sirkedji, dans sa magnifique Chrysler, après que nous eussions, chez lui, repris nos apparences normales et nos vêtements habituels...

Il n'empêche qu'au dernier moment, comme le train allait s'ébranler, deux hommes trapus firent irruption dans le pullman de première classe dont nous occupions deux fauteuils... deux hommes aux manières empruntées, aux vêtements noirs de mauvaise coupe, aux ongles endeuillés, qui sentaient, à vingt mètres, le phanariote !...

Chapitre III

Orient-Express.

Après la nuit mouvementée que nous avions, James et moi, passée dans l'enceinte du Phanar, dormir aurait été pour nous le plus appréciable des bienfaits.

Or, quoique nous eussions gagné nos deux couchettes de bonne heure, nous ne pûmes guère fermer l'œil.

Les courbatures consécutives aux nombreux horions reçus, lors de l'échauffourée tragique, au chevet de Basil III, y étaient bien pour quelque chose ; mais nous nous inquiétions, surtout, du va-et-vient continuel des deux phanariotes barbus qui ne cessèrent guère de passer et de repasser jusqu'au jour devant la porte de notre sleeping, à la façon de sentinelles.

Nos deux arpenteurs de couloir faisaient-ils preuve d'un zèle pataud, d'une outrecuidance maladroite ? Étaient-ils tellement pressés de nous expédier *ad patres*, qu'ils ne désiraient point manquer la moindre occasion propice ?

En fait, nous ne le sûmes jamais, car, comme nous arrivions en gare de Lule-Bourgas, où se pratique — à la frontière turco-bulgare — la visite des passeports et des petits bagages à main, deux gendarmes du Roi Boris sautèrent, sitôt l'arrêt du train, sur le marchepied de notre voiture et, avisant nos « anges gardiens », les prièrent rudement de descendre et de leur emboîter le pas.

Ils protestèrent, certes, pour la forme, à grand renfort de gestes onctueux, mais, empoignés sans ménagements, ils durent vite céder à la force et nous les vîmes, peu après, disparaître, sous bonne escorte, derrière la porte du bureau voisin du commissaire spécial.

...Lule-Bourgas, sale petite bourgade, promue par la bizarrerie des traités à la dignité bien trop lourde de ville frontalière, tu nous parus, dès lors, malgré l'aube grise et froide et le brouillard, quelque chose, vois-tu, comme l'orée enchanteresse de la Terre Promise, loin des haines néo-orthodoxes et de leurs vengeances compliquées.

Peur ? Non ! Nous n'avions pas eu peur.

Mais il était assez plaisant de pouvoir faire quelques projets dépassant l'avenir immédiat, sans crainte d'anicroche meurtrière, sans souci d'accident fatal.

Petit bonheur que l'on savoure quand on mène une vie cahotante comme la nôtre, à James et à moi.

— Brave Ibrahim bey ! murmurai-je, bien convaincu que nous devions à cette sollicitude lointaine l'escamotage de nos « espoirs ».

La réplique de Nobody me parut assez saugrenue et interrompit l'égrènement des actions de grâce que je vouais à mon ex-collaborateur.

— Ah ça ! encore une conquête du féminisme ! avait-il dit, d'un ton à moitié sarcastique, en m'attrapant soudain le coude.

J'avoue, qu'en suivant des prunelles la direction qu'il m'indiquait d'une pression ferme sur le bras, je retins mal un haut-le-corps.

Dans les Balkans, certes, j'ai polir règle de m'étonner le moins possible. Mais pourtant, cette fois !

...Mitre en tête, crosse au poing, améthyste au doigt, — à quelques mètres sur le quai, — un évêque achevait de bénir une centaine de fidèles qui, genoux en terre, l'entouraient d'un cercle fervent et recueilli.

A vrai dire, les jolies filles et les adolescents râblés dominaient parmi ces ouailles.

...Il était déjà surprenant de voir un évêque sur le point de monter dans l'Orient-Express en vêtements sacerdotaux. Il l'était, peut-être, encore plus de s'aviser que cet évêque pouvait avoir, au plus, trente ans, et qu'il avait les joues fardées, les lèvres artificiellement rouges !

Devant ce spectacle peu banal, les nombreux voyageurs du train, descendus pour battre la semelle, se pressaient, assez gouailleurs, du côté de l'étrange prélat ; les vitres des wagons s'abaissaient, laissant passer des têtes curieuses encore brouillées par le sommeil.

Mais il en eût fallu sûrement bien davantage pour troubler la sérénité manifeste du dignitaire ecclésiastique.

Son regard vert croisa le mien, trop vite pour que je pusse me fondre dans la foule plus dense, rassemblée, et, satisfait, apparemment, comme s'il eût découvert, enfin, la personne qu'il y cherchait, il bénit encore sa jeune suite et se dirigea tranquillement vers l'entrée du wagon-salon qu'on venait d'accrocher derrière les voitures directes pour Vienne.

— Tout de même ! grommela Nobody, en suivant des yeux la silhouette assez trouble qui se déhanchait en un balancement harmonieux.

Et des ricanements étouffés, des réflexions ironiques, échangées à portée d'oreille, nous confirmèrent que nous n'étions pas les victimes d'une méprise.

Qu'on me pardonne ce mot forgé, mais ce personnage revêtu de toute la pompe catholique... cet évêque, était une *évêche* !

— Tout de même, reprit mon ami, lorsque nous eûmes regagné notre compartiment, peu après, et que le train eut démarré. Je suis peu suspect de tendresse à l'égard de votre papisme, mais qu'on le défigure ainsi en ces mascarades sacrilèges ! Je n'ai rien vu, même en Europe orientale, de si choquant. Ces gens-là doivent être hystériques.

Je souris :

— Il est très certain que d'étranges cérémonies doivent rassembler les belles fidèles et les adeptes de cette sorte. Je sais qu'en Pologne, récemment, le faux évêque Kowalski, qui en était le promoteur, fut condamné sévèrement, ainsi que ses « épouses mystiques », par le tribunal de Plock pour attentat public aux mœurs.

Nobody réfléchit un temps et dit, plus qu'il ne questionna :

— Cette « grue » serait donc mariavite ?

— Dame ! fis-je, amusé par l'accent, avec lequel il prononçait ce nom d'échassier volage ; je ne connais qu'eux pour avoir, ainsi, un clergé féminin, dont costume et hiérarchie soient très exactement calqués sur ceux du clergé catholique...

— Cela ne m'étonne pas, d'ailleurs, repris-je, lorsque ma voix cessa d'être couverte par la clameur ferraillante d'un pont, traversé à soixante kilomètres à l'heure. A la suite de son échec en Pologne, le mariavisme a essaimé en Bulgarie où il fait de nombreuses conquêtes ! Les « Bougres » ont du feu dans les veines !

Une longue expérience m'a prouvé que ces sortes de sectes — érotiques sous un couvert de mysticisme — n'ont pas seulement pour tendance de conduire leurs disciples fidèles vers les joies du « cercle intérieur », les « partouzes » des « mariages d'âmes ».

Ce sont toutes des machines de guerre montées contre l'Église de Rome qu'elles discréditent en empruntant les signes extérieurs de son culte.

— Quoi, Towianski, Kowalowski, je mets tout ça dans le même sac ! conclut Nobody, allumant une pipe de *bird's eye*. Parfum polonais : de l'encens, de la cuisse et du « charme slave » !

Je me regimbai.

— Allons donc ! Vous n'allez pas confondre le maître de Mickievicz, de Michelet avec l'amant révélateur de la « petite mère » Kozlowska... le grand prophète des temps modernes avec ce suppôt de messes noires.

— A... de S... ! fit malicieusement mon compagnon. Je m'en doutais.

J'avais donné dans le panneau, si bien tendu, comme un novice.

Et je me rencoignai, furieux de voir percer le seul secret personnel auquel je tenais.

Sans doute, fais-je partie du groupement très fermé, ainsi désigné par ses initiés très rares, mais cela ne regarde que moi et j'en voulus à mon ami de m'avoir arraché, ainsi, cette demi-confidence intime.

*   *   *

James trouva un moyen cordial de me faire sortir, en dix mots, de ma coquille.

— Avec votre prodigieuse mémoire, vous avez retenu, n'est-ce-pas, toutes les paroles du Patriarche ? s'enquit-il d'un air innocent, après un long silence contraint.

J'aurais eu bien mauvaise grâce à résister à cette flatterie, d'autant qu'il abordait ainsi le sujet auquel je n'avais guère cessé de songer depuis le départ de Lule-Bourgas.

— Certes, fis-je. Je n'ai qu'à fermer les paupières pour en retrouver jusqu'à l'intonation précise. Dommage que le voile, entr'ouvert un instant, se soit refermé, beaucoup trop vite, devant nous ; qu'à des vérités énoncées avec une clairvoyance suprême se soit mélangé un tel flot de vaticinations fumeuses, pratiquement incompréhensibles.

Nobody me considéra avec un sourire ambigu :

— Alors, si je vous comprends bien, vous faites deux parts très différentes dans les révélations précieuses que nous avons pu recueillir de la bouche du moribond, l'une ... dernière lueur jetée par une intelligence hors ligne, l'autre... divagation d'un cerveau de malade déjà déréglé.

Il vida le fourneau brûlant de sa pipe sous la banquette.

— Je ne suis pas de votre avis. Pour moi, l'agonisant n'a pas déraillé, fut-ce une seconde. A ses allusions précises ont, tout simplement, succédé d'autres énonciations aussi riches, aussi lourdes d'un sens profond, des symboles, selon une clef allégorique qui devait lui être extrêmement familière et qu'il nous faudra deviner.

James hocha la tête, se frotta énergiquement l'oreille gauche.

« Je vous accorde que pratiquement, du point de vue qui nous occupe, cela revient au même, presque.

Il avait peut-être raison.

— Soit, repris-je. Nous pouvons toujours essayer un premier classement. Commençons d'abord par trier ce qui paraît indiscutable, après quoi, nous nous attaquerons au déchiffrage de ce qui reste nébuleux, du fatras obscur.

— Je m'y applique, *old man*, depuis notre fuite de Constantinople, répondit mon ami avec une nouvelle pointe de malice. Je n'ai point l'esprit normalien, mais le vieux bon sens écossais...

Il compta sur ses doigts trop courts.

— Ce qui ressort, au premier chef, des « confidences » du Patriarche, c'est, me semble-t-il, qu'il existe entre les événements politiques en apparence les moins connexes... les plus dissemblables d'aspect, un lien, sorte de fil directeur.

— Autrement dit, fis-je, que des forces mystérieuses mènent le monde, en sous main, depuis des années... en vue de certaines fins précises. C'est là une hypothèse fondée sur de nombreuses constatations et qui m'est particulièrement chère.

« Sa défunte Béatitude me paraît avoir vu très juste, assurément, sur ce point-là. »

— Ce n'était pas une opinion chez lui ; mais bien une certitude ! corrigea doucement Nobody. Forces ou causes, pour lui, point de doute ! Ce seraient les mêmes fauteurs de troubles qui auraient d'abord provoqué les deux meurtres de Sarajévo, afin de déclencher la guerre, la disparition de Kitchener fort capable de l'arrêter, le massacre sauvage, calculé, de la famille impériale russe, catastrophe qui plongea l'Europe dans l'indescriptible chaos dont elle n'arrive pas à sortir, l'assassinat de Rathenau qui travaillait, de toutes ses forces, à rebâtir la Paix du Monde...

— D'accord, fis-je. Et toujours selon le Patriarche œcuménique les « meneurs de jeu » en question, les « fauteurs de troubles » responsables seraient ceux-là mêmes que Philippe et Raspoutine appelaient les *Verts*, ceux auxquels l'occultiste lyonnais tenta en vain de résister, ces Inconnus qui, de Suède, dirigeaient l'action du *Staretz*.

Mais James était, comme le dit une expression populaire, remonté à bloc, pour l'instant. Il ne me laissa pas poursuivre.

— Reste, fit-il, à expliquer l'allusion au vieillard hellène gorgé d'honneurs sur son roc d'or et cependant point rassasié... la venue du fléau de Dieu que sera cet *Homme aux deux Z* !

— J'avoue que je ne comprends pas du tout à quoi peut correspondre ces bizarres appellations.

*
* *

Au même instant, je tressaillis et j'envoyai un coup de pied si violent dans les jambes de James qu'il en garda longtemps la marque.

C'est qu'insensiblement la porte du compartiment réservé que nous occupions, venait de... glisser de quelques centimètres et que, dans l'entre-bâillement des doigts se montraient,... féminins, quoiqu'un peu grands, mais fuselés et aux ongles passés au carmin.

J'arrêtai, d'un clin d'œil, le geste que mon camarade esquissait déjà vers sa poche revolver...

La porte acheva de glisser, livrant, comme je m'y attendais, passage à notre belle *évêche* !

Elle était en soutane cette fois, soutane noire, liserée de violet, qui mettait en valeur parfaite les ors d'une chevelure somptueuse et l'éblouissante carnation d'une chair de blonde un peu grasse.

Et j'en fus gêné, davantage, que par la vision de la gare, car bien plus que les ornements sacerdotaux de tout à l'heure, l'étoffe collante soulignait les rondeurs fermes d'une poitrine et d'une croupe de Walkyrie... et le sacrilège du contraste avait quelque chose de troublant.

La « jeune femme » se tint devant nous, quelques instants, souriante, muette, goûtant certainement le trouble équivoque où elle nous jetait.

Je remarquai que Nobody était devenu rouge, très rouge jusqu'aux oreilles, jusqu'au front et qu'il avait cessé, soudain, de tirer sur sa pipe éteinte.

La « prélate » mariavite continuait, fort tranquillement, de nous dévisager, avec une expression un peu railleuse.

Elle nous connaissait certainement, — son regard vert en témoignait, — s'amusait de notre surprise, de notre embarras manifestes.

J'en conçus pendant vingt secondes une impression, assez pénible, je l'avoue, d'infériorité.

Fig. 6.

Notre ex-ennemie Irma Staub la célèbre espionne…, au temps où elle était « évêque » mariavite.

Mais voici soudain qu'une vision lointaine passait devant mes yeux, se superposait à l'image qui me remplissait les prunelles.

J'allais parler, mais Nobody, plus prompt que moi, me devança.

D'un air flegmatique, d'une voix calme, mais qui, pour moi, se nuançait d'un mépris indéfinissable, il constata :

— Toujours très belle, je vois, Fräulein Doktor. Ce noir-là vous va à ravir.

« Mademoiselle Docteur », ce nom, ce surnom plutôt, avait joué immédiatement dans ma mémoire le rôle d'un catalyseur.

Irma Staub, si l'on préfère, la célèbre espionne allemande, l'adversaire la plus redoutable qu'avait jamais eue mon ami et que j'avais lieu de croire morte.

Ainsi c'était l'ex-âme damnée du General-Stab germanique qui s'identifiait, à présent à cette *évêche* mariavite !

Les deux ennemis se retrouvaient donc en présence l'un de l'autre.

J'en éprouvai comme un mélange bizarre d'inquiétude et de joie, pressentant bien que j'allais être le témoin d'un duel peu banal. Le témoin et aussi l'acteur !

Sitôt reconnue, l'Autrichienne (j'ai la preuve qu'elle est née à Vienne et non point du tout à Potsdam, comme tant de gens l'ont affirmé) s'assit gracieusement près de moi, toujours souriante et muette, de sorte que j'eus tout le loisir de l'examiner en détail.

Non, certes, elle n'avait pas changé. Elle était bien toujours la même, aussi séduisante, aussi belle, d'une prenante beauté nordique, avec cet éclat junonien qui constituait, en vérité, l'une de ses armes les plus sûres.

A croire qu'elle s'était faufilée entre les années comme autrefois entre les nombreuses « souricières » que nos Services de Renseignements et l'« Intelligence » lui tendaient.

J'évaluai la perplexité où devait être Nobody à l'âpreté de son attaque :

— Le métier rapporte ? fit-il, avec un coup d'œil expressif à la soutane trop bien sanglée.

La riposte fut minaudée :

— Moins, certes, que celui qui consiste à s'introduire, sous le froc de saint Athanase, au Phanar.

James apprécie trop le *fair play*, pour ne pas avoir admiré ce coup, porté de main de maître.

Aussi sa face s'éclaira-t-elle de bonhomie toute pickwickienne.

— Je ne me figurais, certes, plus avoir l'honneur et le plaisir de vous rencontrer en ce monde, *gnädiges Fräulein*. Je m'en réjouis. Cela me prouve que la partie mérite d'être jouée, jouée serré..., qu'elle en vaut la peine.

La « prélate » se tourna vers moi :

— D'autant plus, mon cher capitaine, que, cette fois-ci, je vous offre un divertissement inédit, car, si mon concours vous agrée, nous nous trouverons, vous et moi, moi et vous, du même côté de la barricade, si j'ose dire.

Cette femme jouait-elle merveilleusement, une fois de plus, la comédie ?

Toute trace de gouaille disparue, une expression découragée envahit ses prunelles immenses et ce fut, d'un ton suppliant, joignant les mains, qu'elle continua :

— Je vous en conjure, capitaine, et vous, Nobody, croyez-moi !

« Ennemis, nous l'avons été, mais ennemis loyaux, autant que notre profession le comporte. Au nom de ce lien, certes spécial, qu'a pu établir, entre nous, cette courtoisie réciproque, chevaleresque de votre part, peut-être sentimentale du mien, au nom de notre honneur *à nous*, faites-moi crédit, sur-le-champ, d'une parcelle de confiance. »

La voix basse vibrait *crescendo* ; la respiration haletait.

« Nous n'avons pas une seconde..., une seconde, je vous dis, à perdre !

Elle se rapprocha :

« Ecoutez, le train est plein de *leurs* agents. Dans quelques minutes, à la courbe qui précède le pont suspendu sur la Maritza, — vous savez ? — faites jouer le signal d'alarme. Sautez en marche. Perdez-vous immédiatement, dans les taillis. Brouillez votre piste, aussitôt !

— Pourquoi cette sollicitude ? Je n'y étais pas habitué ! railla Nobody, ironique. Mais je le connaissais assez pour sentir que cette véhémence, cette sincérité d'accent, avaient sapé le scepticisme dont son attitude témoignait.

Elle se tordit les mains, tandis que son visage se convulsait d'un désespoir indéniable.

— Comment vous convaincre ? Pourtant, il *faut* que je vous sauve. *Il faut !*

— Pourquoi ? demandai-je doucement.

— Parce que l'œuvre que je poursuis m'a valu d'implacables ennemis et que votre alliance m'est utile !

Et à voix plus basse, exprimant une terreur réelle, eût-on dit :

— Ce sont les mêmes ennemis que les vôtres, Monsieur Nobody. *Je vous parle de vos nouveaux chefs !*

Et elle ajouta, argument qui fit tomber mes derniers doutes, et dont chaque mot me parut lui être arraché par une force supérieure à sa volonté.

— Pour la vengeance que j'ai juré d'accomplir, quel qu'en soit le prix, votre assistance m'est essentielle. Nous sommes volontaires d'une même cause !

Nous échangeâmes, James et moi, un coup d'œil significatif.

Nous retrouvions là, tout entière, *notre* Irma Staub passionnée !

— Venez ! supplia-t-elle. Venez. Je sauterai avec vous, s'il faut.

Le train ralentissait, un peu, après avoir sifflé longuement.

Et j'étendais déjà la main vers la poignée de cuivre nickelée, lorsque notre wagon oscilla.

Puis, dans un fracas formidable, la masse du sleeping chavira et se déroba sous nos pieds.

Au même instant une lourde valise, aux coins de cuivre, projetée très violemment hors du filet, m'atteignit à la tempe gauche.

Et mon dernier souvenir précis fut, près de moi, un cri atroce, celui d'une femme qu'on égorge.

*
* *

Si mourir n'était que cela, ce ne serait certes pas terrible.

J'avais glissé dans un néant, ouaté de noir, où doucement, ma conscience s'était dissoute.

La reprise de possession de mes sens fut marquée, surtout, par une vive douleur térébrante, le long des vertèbres cervicales.

Le mouvement réflexe instinctif que je fis d'abord m'arracha un gémissement et j'entendis, à la fois très loin et très près, une voix bien connue, celle de James, qui me répétait :

— *Hello, boy !* Ce n'est pas du tout le moment de vous en aller. *Cheer up !* J'ai bougrement besoin de vous.

J'ouvris les yeux.

Mon camarade était à genoux près de moi, indemne, du moins en apparence ; mais les vêtements déchirés.

Habilement, il palpait mes membres.

Je passai deux doigts sur mon front, les ramenai poissés de sang.

— Rien, mon vieux ; le cuir chevelu fendu seulement ; pas de lésion ; je m'en suis déjà assuré ! m'affirma Nobody, paisible.

Il m'empoigna par les aisselles, me souleva d'un effort puissant et, encore que je trébuchasse, à la manière d'un homme ivre, je parvins à tenir debout.

FIG. 7.
La catastrophe du pont de Maritza ou nous aurions dû périr.

J'avais l'impression que ma chair venait d'être réduite en pulpe, alentour de mes os brisés ; j'étais moulu, courbaturé, mais somme toute, sans blessure grave.

Ce fut alors, alors seulement, que je me rendis, enfin, compte des effroyables dégâts causés par l'attentat, dont nous avions bien failli être les victimes.

...Des spectacles horribles, j'en ai vu beaucoup, hélas, dans ma carrière, mais aucun n'atteignit, pour moi, pareille intensité d'horreur..., ce qui s'explique par l'ébranlement total de mon système nerveux.

Le train, donc, avait déraillé, à l'entrée du pont suspendu qui franchissait la Maritza.

La locomotive, le tender et les quatre premiers wagons avaient déboulé jusqu'au fond de la gorge étroite, encaissée, où coule la rivière torrentueuse, à quelque cinquante mètres plus bas.

Ce n'était plus là qu'un amas de ferrailles enchevêtrées, de boiseries fracassées, fumantes, d'où montaient d'atroces hurlements.

Des corps en loques faisaient des taches écarlates sur des saillies, des buissons de la pente rocheuse, où les sauveteurs s'affairaient à l'instar de fourmis en files.

...Les quatre dernières voitures, par contre, dont la nôtre était la deuxième, avaient rompu leur attelage, évitant ainsi, de justesse, la chute au fond du précipice.

Le *sleeping-car*, celui-là même où nous devisions tout à l'heure, et le *pullman* qui le suivait, se trouvaient couchés sur le flanc, intacts, semblait-il, fors les glaces.

Des hommes couraient, dans les deux sens, le long de la voie arrachée ; des ordres contradictoires sonnaient. Et ces plaintes, ces râles, ces cris !

A quelque vingt-cinq pas de nous, rouges, — mais rouges de la tête aux pieds, — des médecins, affairés, pansaient, sans répit, des chairs pantelantes.

Des bâches maculées recouvraient des rangées de cadavres, alignés au bas du remblai. Et l'affluence des blessés et des morts augmentait sans cesse.

Était-il réellement possible que nous fussions les responsables indirects de cette catastrophe ? Qu'elle eût été manigancée uniquement à notre intention ?

L'importance de notre secret était donc si prodigieuse ?

— Quand même, Fräulein Doktor avait trop raison ! murmurai-je.

Au lieu de répondre, Nobody m'alerta d'un coup d'œil rapide.

Hagard, un employé du train s'approchait de nous, mi-courbé, comme un félin prêt à bondir.

Mais, à peine eut-il vu le geste que James esquissait vers sa poche... constaté que nos deux regards se braquaient aussitôt sur lui... qu'il s'écarta, à reculons, avec un grand rire, tel une bête des ténèbres surprise par un brusque jet lumineux..., une hyène qui craint la pierre brandie.

... Un pauvre être à l'esprit perdu sous l'effet de la commotion ? Un agent chargé de parfaire l'œuvre de la catastrophe, manquée en ce qui nous touchait du moins ? Il eût futé tellement facile d'attribuer à un geste de fou, dans la confusion présente, l'élimination regrettable de deux voyageurs rescapés.

— Le matériel tout acier a du bon ! repris-je, peu après, en flattant, d'une main incertaine, la paroi vernie du sleeping, auquel nous devions l'existence et qui avait télescopé la voiture qui le précédait, voiture au coffrage de bois.

Joie de vivre, de faire quelques pas, de retrouver progressivement l'usage de sa guenille humaine. Joie animale de respirer, de se déplacer, au milieu des décombres d'un « cataclysme », d'où l'on vient de sortir indemne.

— Étant données les circonstances, mieux vaut que je vous panse moi-même ! conclut Nobody, à la suite d'un petit débat intérieur dont je devinais les motifs.

« Il n'est point utile qu'une entaille superficielle s'envenime.

« Et, d'autre part, sait-on jamais si, parmi cette bande de toubibs, opportunément survenus, il ne se trouve point un marchand de mort subite aux gages des *autres* ? Heureusement que j'ai mon whisky ! »

Très sobre, James prétend, néanmoins, qu'il est des cas où une gorgée de « *Johnnie Walker* » peut donner à la carcasse défaillante le coup de fouet indispensable et il porte toujours sur lui, dans l'une de ses poches-revolver, une gourde plate bien garnie.

Trois minutes plus tard, ranimé par une lampée puissante de *scotch*..., une compresse du même liquide, faisant office d'hémostatique, attachée sur ma plaie frontale, je me sentais remis d'aplomb et capable de raisonner.

— Et *Elle* ? interrogeai-je enfin.

— Au poste de secours. État grave. Mais à aucun prix, pour l'instant, il ne nous faut en approcher. Elle délire un peu. Voyez-vous qu'elle se mette à parler plus net, en nous voyant à son chevet ?

« J'ai dû me borner, faute de mieux, à la surveiller d'un peu loin, depuis que j'ai repris conscience. »

Mon camarade se baissa et ramassa, sur le ballast, une jambe de femme sectionnée, comme une pièce anatomique, au sommet du bas mordoré.

— Un morceau, très probablement, de cette petite Roumaine boulotte qui dîna en face de nous, hier au soir ; vous vous souvenez ? Elle était fière de ses mollets et les montrait généreusement. Quand je pense que nous...

Il toussa, et alla glisser, sous la bâche, ce tragique débris humain.

Le cœur me tourna et je dus emprunter de nouvelles forces à la gourde plate de whisky.

— Il y a longtemps que vous avez rouvert l'œil ? poursuivis-je, tandis que James m'aidait fraternellement à gravir le remblai de glaise, détrempé par les pluies récentes.

Nous effectuâmes un crochet, dans les taillis denses, pour gagner un bouquet touffu de bouleaux d'où, sans être vus, nous pouvions observer le poste de secours.

Et ce fut seulement, après m'avoir installé sur un tronc, siège grossier, mais confortable, que Nobody me répondit :

— Le déraillement s'est produit, il y a un peu plus d'une heure. Le choc m'a fait perdre aussitôt, pendant un temps inappréciable, le contrôle de mes agissements. Me suis-je évanoui pour de bon ? Ai-je été frappé seulement d'une amnésie momentanée ?

« En tous cas, lorsque je repris mes perceptions presque normales, vous étiez couché, étendu à mes côtés, sur le remblai.

« Mais *notre* évêche n'était point là... ni dans le sleeping épargné ni à proximité de nous. »

James se mit à bourrer lentement son inévitable *bruyère*.

— Cette découverte me fit l'effet d'une commotion électrique, poursuivit-il, tout en tassant le tabac blond dans le fourneau, et me galvanisa si bien que je m'occupai sur-le-champ de rechercher notre ex-ennemie.

Il y eut un silence entre nous.

C'était sans aucun enthousiasme que j'admirai cette conscience professionnelle de Nobody.

Son premier acte avait été non point de prendre soin de moi, mais de retrouver, aussitôt, la piste brouillée par l'accident.

Il continua, un peu gêné, et sans que je lui eusse rien dit :

— J'ai une telle confiance en votre veine, en votre constitution robuste. Et puis, en de pareil moments, sait-on, au juste, ce qu'on fait ?

Et il conclut avec une sorte d'ardeur contenue qui montrait à quel degré le passionnait notre dangereuse équipée :
— *Elle* vit, d'ailleurs. Elle parlera. Oui, elle parlera, grâce à Dieu !

※
※ ※

S'il m'est fort agréable de rendre un hommage, pleinement mérité, à la Croix-Rouge bulgare, pour sa promptitude remarquable à organiser les secours…, si je n'ai qu'à me louer, certes, de l'hospitalité cordiale, souvent généreuse, accordée par les autorités locales et la population entière du « cercle » de Philoppopoli, aux rescapés du train 28…, je suis contraint de reconnaître que la police du roi Boris fit preuve d'une maladresse insigne dans la recherche des responsables *véritables* de la catastrophe !

On se souvient, certainement, des conclusions de cette enquête, menée en dépit du bon sens, de l'arrestation scandaleuse de ce cordonnier de Sofia, un pauvre fou, paranoïaque, persécuté persécuteur, qui fut tenu pour responsable.

Mythomane mégalomaniaque, il ne cessa pas une seconde, dans une sorte d'extase délirante, de se vanter, de s'accuser, d'exalter son rôle anarchique d'adversaire de la société. Tant et si bien que le jury l'expédia dans un asile.

Qu'il y meure en paix, même s'il fut l'instrument matériel du crime ! Mais n'est-il point, au moins, étrange que ni instruction ni défense ne s'avisèrent de rechercher *qui* avait poussé ce pauvre hère, cette loque, cette chiffe, à provoquer pareil attentat, sans profit, ou, *tout au moins à l'endosser*. Car ma conviction propre subsiste.

Si l'on s'était donné la peine de vérifier l'*alibi*, qu'il commença naïvement par fournir, sitôt arrêté, on eût constaté qu'il servait, en ceci, de bouc émissaire et qu'*on* l'avait suggestionné pour qu'il se chargeât, en l'espèce, de tous les péchés d'Israël !

Ceci justifierait encore la fameuse phrase de Kipling.

Je reviens donc à notre histoire.

※
※ ※

Quelques bakchichs habilement distribués, à droite et à gauche, — Philippopoli fut longtemps sous la domination des Turcs, — nous permirent, sans nous mêler trop directement à la chose, de faire en sorte qu'Irma Staub fût transportée dans un hôtel, en dépit de son état grave.

Nous craignions trop que l'hôpital ne fût pour elle, à bref délai, l'antichambre seulement de la morgue et nous fûmes plus rassurés quand ce brave Suisse de Feller, patron cordial du Métropole, qui avait « travaillé » pour James, eut appelé à son chevet un excellent docteur badois, demeurant rue Zar Siméon.

L'ex *stabs-artz* (1) ne nous cacha pas que si la fracture du tibia pouvait être aisément réduite, il était beaucoup plus inquiet de la lésion du poumon droit, due à l'écrasement des côtes, lésion dont il ne pourrait guère déterminer la gravité qu'après une radioscopie, lorsque Irma Staub serait transportable.

...La jeune femme souffrait beaucoup, quand nous pénétrâmes dans sa chambre, après que le docteur Muller et ses aides eussent procédé aux opérations de plâtrage tant de la jambe que du torse.

Elle respirait difficilement, les ailes du nez s'étaient pincées et la bouche décolorée laissait échapper, par instants, un petit râle douloureux.

Elle demeurait belle, cependant, sa lourde chevelure d'or éparse autour de son visage tiré, plus belle, même, à la vérité, que je ne l'avais jamais vue.

— Ce n'est pas vous que j'attendais, fit-elle, en nous apercevant, après avoir péniblement tourné la tête sur l'oreiller. « Mais je suis contente de vous voir, quand même, » reprit-elle, esquissant un pauvre sourire pathétique.

James s'installait à son chevet, lui prenait doucement la main.

Et femme cette fois, petite fille même, Fräulein Doktor s'alanguit...

— Restez près de moi, Nobody. Cela m'aide à mourir ! dit-elle.

— Vous êtes folle, ma chère, mentit-il, avec un aplomb magnifique. Nous avons croisé votre toubib, il y a un quart d'heure à peine, en bas, dans le hall de l'hôtel. Il nous a juré ses grands dieux que vous seriez complètement hors d'affaire d'ici trois semaines.

Elle fit rouler, à trois reprises, sa nuque laiteuse sur la toile et dans un souffle elle murmura :

— Je vous dirai tout, tout, oui tout !

Et vous continuerez, n'est-ce pas, la tâche qu'ils m'empêchent d'achever. Mais lorsque celui que j'attends et que j'ai envoyé chercher, arrivera dans quelques minutes, vous me laisserez seule avec lui... quelques instants. Vous comprenez ?

Sous la peau rose de Nobody, les mâchoires se contractèrent, encore qu'imperceptiblement.

Quel jeu cette diablesse jouait-elle ? Qu'avait-elle encore combiné ?

---

1. Major.

— Qui est-ce ? fit-il assez rudement.

— Je ne sais pas, moi, gémit-elle. Un prêtre, un pope, un moine. N'importe, pour ne pas mourir comme une chienne !

Elle eut une plainte déchirante, où montait tout le mysticisme confus qui demeurait en elle, tandis que l'animalité, vivace encore, se révoltait.

— J'ai peur ! reprit-elle, haletante.

Et il me semble qu'il y avait, dans ses yeux, un reflet soudain de la grande terreur panique, quelque chose comme une lointaine réminiscence de l'épouvante, qui faisait frissonner les hommes des cavernes, devant le cadavre privé de vie de l'un des leurs.

Lorsqu'on pratique une carrière comme la nôtre, c'est une force énorme que d'être de race anglo-saxonne.

Un latin n'aurait jamais eu le cruel courage d'insister avec le flegme de Nobody :

— Et ça ? fit-il ironiquement, désignant, d'un geste dédaigneux, les vêtements ecclésiastiques, épars sur les chaises de la chambre.

Elle fut secouée d'une telle secousse que le lit de cuivre en trembla.

— Justement, justement, j'ai peur. Je ne croyais à rien, avant cette mascarade religieuse. Maintenant, j'ai la notion du mal ; j'ai la crainte du sacrilège.

« Il m'avait bien averti, *Lui* ! »

Deux larmes roulèrent le long des joues, larmes qu'elle n'essaya même pas de refouler ni d'essuyer.

Chose curieuse, l'émoi dans lequel l'avait jeté notre présence lui redonnait un peu de force et notre assurance, du courage.

Ce fut nettement d'une voix meilleure qu'elle continua :

« J'espère, pourtant, qu'il me sera beaucoup pardonné, en raison du but poursuivi. J'avais juré de *le* venger ! De là-haut, sûr, il me protège. Enfin, je *le* sens contre moi et j'écoute tout ce *qu'il* me dit. »

Je crus d'abord qu'elle délirait, en proie à une fièvre anormale.

Mais, à mesure qu'elle parlait, ses propos prenaient davantage de cohésion et de clarté, sans rien perdre de leur véhémence.

Elle avait oublié le pope, l'appréhension d'une fin prochaine et, bientôt toute à sa vengeance, elle perdait de vue ses scrupules religieux passagers, tardifs.

A l'observer, je retrouvai des impressions déjà anciennes ; mais je n'avais jamais encore eu l'occasion de vérifier d'aussi près l'étroite parenté qui pouvait exister entre elle et une panthère noire, par exemple.

Ce n'était pas seulement par l'âme et la férocité latente, l'insidieuse cruauté, qu'elle ressemblait à son modèle.

Elle avait des gestes de félin. Et cette manière particulière de regarder paupières basses, ce curieux mouvement des épaules, cette palpitation continuelle, tellement spéciale des ailes du nez !

Étrange bête, certes, mais attachante et désirable, oui, ah combien !

*
* *

Contrairement aux autres femmes, même les plus intelligentes, notre ex-adversaire savait qu'un récit gagne à être direct, dépouillé de fioritures et sans digressions inutiles.

Malgré son épuisement nerveux, il émanait de ses propos une force de conviction si grande, que James et moi, doués l'un et l'autre d'un sens critique assez vivace, ne trouvions rien à objecter à ses affirmations, suivies de preuves fréquemment contrôlables.

Nous avons eu, d'ailleurs, depuis, l'occasion, à diverses reprises, de vérifier les assertions émises par elle ce j et nous nous sommes aperçu que les faits se trouvaient exacts, jusque dans le moindre détail,... les interprétations sensées.

...De ce qu'elle put nous dire alors, il ne m'est pas encore loisible de révéler l'essentiel. Trop de gens, encore au pouvoir, ou en place, seraient mis en cause, sans profit pour l'humanité, et des précisions trop grandes risqueraient de gêner telle action internationale d'apaisement, d'envenimer certains conflits.

Je me bornerai donc, strictement, à faire état de ce qui eut une répercussion immédiate sur nos destinées personnelles, dans les confidences capitales de celle qui, par ordre du Kaiser, était devenue la maîtresse du juif Walther Rathenau en septembre 1918.

Mais au contact du « grand monsieur » qu'était le maître de l'A.E.G. (1), — le véritable dictateur de l'Allemagne dans la coulisse à la fin des hostilités, — l'espionne de Guillaume avait fait rapidement place à la femme, à l'amante heureuse et comblée, puis à la collaboratrice ardente, passionnée, fanatique de l'œuvre entreprise par le fils du petit courtier Ephraïm, alias Emile Rathenow, sorti des ghettos polonais.

---

1. Allgemeine Elektrizitats Gesellschaft.

Cette œuvre, l'opinion publique ne l'a même pas soupçonnée et ceux-là mêmes qui furent au fait ou qui devinèrent, se méprirent généralement sur ses tendances !

En bref, selon *Irma Staub*, Walther Rathenau, — fixé sur les causes secrètes et profondes de l'immense malaise mondial, — s'était voué au redressement économique de l'Europe, à une tâche très noble d'apaisement, de reconstruction, susceptible d'éviter d'autres catastrophes, de pallier au malheur des temps, d'empêcher de nouvelles guerres.

Membre de cette oligarchie toute-puissante dans le domaine capitaliste, qui, depuis près de cent vingt ans, mène véritablement le monde, il s'était, aussitôt après l'armistice, constitué le chef du très petit groupe clairvoyant qui, dans le sein de ses conseils, s'opposait à l'action des Verts (1).

A l'espèce de conspiration permanente contre la race blanche, — contre la civilisation occidentale gréco-latine,— tendant à saper, crevasser, ébranler l'édifice, déjà si instable de d'Europe actuelle, il prétendait substituer, *lui*, une action bienfaisante, telle que les nations pussent produire dans l'entente et dans la concorde, et s'épanouir dans la paix.

Bataille magnifique qu'un seul homme avait menée, presque à lui seul, contre les fanatismes et les haines, contre les intérêts sordides, les cupidités maléfiques, sources d'irritation, de souffrances, de désordres pour l'humanité.

Dénonçant, attaquant ceux-là qu'il appelait les « mauvais bergers », assignant au peuple d'Israël un grand rôle de catalyseur, — (bloc autour duquel les meilleurs d'entre les hommes viendraient s'unir pour préparer les Temps Nouveaux, sorte de retour à l'Age d'or), — il avait su gagner très vite, par la noblesse indéniable de ses conceptions prophétiques, l'opportunité clairvoyante des solutions qu'il proposait aux graves problèmes de l'époque, des sympathies et des alliances, des concours précieux tant en France qu'en Angleterre, qu'en Amérique... auprès, aussi, de cette puissance, dont il estimait l'influence plus capitale que toute autre, je veux parler du Vatican.

Le 16 juin 1922, le grand israélite tombait, sous les coups de la même main qui le 16 juillet ..18 avait abattu le Tzarisme !

---

1. Lui aussi les nommait ainsi (cf. le discours de Washington du 4 mars 1919). Voir aussi les travaux de Mrs WEBSTER : *The French Revolution* ; *Les Protocols of the Learned Elders of Zion* ; *Les Mémoires de Disraëli* (Lord Beaconsfiel) ; les ouvrages mêmes de RATHENAU : *Écoute Israël*, etc...

Le patriarche œcuménique venait de partager leur sort, il y avait trois jours à présent.

Officiellement Rathenau avait été assassiné par quelques fous pangermanistes, « appartenant à la Sainte-Vehme » !

L'instruction judiciaire allemande s'en était d'ailleurs tenue là !

※
※ ※

Quant à Irma Staub, ayant pu recueillir et le dernier souffle et les dernières paroles de l'homme, auquel elle s'était dévouée, — corps et âme, cœur, chair et cerveau, — elle s'était enfuie du Reich, se sachant, elle aussi, visée.

Un temps, elle avait cru trouver un appui des plus efficaces, près de l'*Intelligence Service*, pour la besogne qu'elle poursuivait, — venger son « cher Walt » coûte que coûte, — mais elle s'était, en temps voulu, rendue compte de sa « gaffe » dangereuse.

Elle avait disparu de Londres et s'était mise à « chasser » seule.

Gare à celui qui a tué le mâle de la panthère noire !

Un jour ou l'autre, elle lui sautera sur l'échine, d'une branche surplombante.

Il n'est point de ruse qu'elle n'emploie pour arriver à cette fin.

Et elle n'aura point de répit que ses griffes aiguës ne s'enfoncent dans les entrailles du meurtrier.

...Ce n'était point le hasard seul qui lui avait fait rechercher notre concours et notre alliance.

Temporaire ? Peut-être !

Durable ?

Cela dépendrait du temps qu'il nous faudrait pour débarrasser le monde de son cancer rongeur, pour le crever ou l'extirper !

※
※ ※

— Avez-vous trouvé près du Saint Patriarche ce que vous cherchiez ? reprit Fräulein Doktor, quand ses confidences terminées, son sac vidé en quelque sorte, nous en vînmes, deux jours plus tard, — alors qu'elle allait déjà mieux, grâce aux soins du docteur Muller, — à envisager sérieusement notre plan de campagne d'ensemble, contre cet adversaire commun qu'il fallait d'abord démasquer !

— En partie seulement, reconnus-je.

— Pendant quelques secondes le voile du mystère s'est soulevé, pour retomber presque aussitôt, ajouta James, véridique.

— Je sais, il y a eu la bagarre, fit la jeune femme, adossée à demi sur ses oreillers. C'est pourquoi j'avais fait en sorte de vous attendre à Lule-Bourgas.

Nobody ni moi ne bronchâmes.

Elle se perdit dans un silence.

Mais son visage plastique, mobile, trahissait un violent combat, une prodigieuse lutte intérieure.

Pourtant elle finit par nous dire :

— Après Basil III, il n'y a plus qu'un seul homme — oui qu'un seul — qui *sache*!

Et, sa bouche contre mon oreille, elle chuchota un nom... un nom qui m'était *alors* inconnu.

DEUXIÈME PARTIE

Chapitre premier

Nobody propose, l'Intelligence Service dispose !

Si j'en ai le loisir, plus tard, et si — selon une image chère à Nobody — on ne m'a pas, d'ici là, sucré mon café au cyanure de potassium, j'aurai quelques jolies histoires à raconter sur la manière dont Irma Staub sut s'acquitter — une fois qu'elle fut rétablie — de la part qui lui incombait dans notre plan d'action commun où, dès l'abord, nous pratiquâmes la division du travail.

Pour la clarté de ce récit, il suffira bien que j'indique que, six mois après l'accident où elle s'était cassé trois côtes, elle répandait, à travers l'Inde, la bonne parole de Ghandi, enseignement étrangement conforme — entre nous — au *plan Vert du Swaraj*, cela au même titre que Miss Slade, la secrétaire-confidente — commanditaire du Mahatma, laquelle est — soit dit en passant — la propre fille du général Slade, chef de l'Intelligence Service (1).

Quant à nous fidèles à l'axiome fondamental de l'espionnage qui veut qu'entre deux découvertes, le plus court chemin soit *toujours* la ligne brisée,... non la ligne droite, nous mimes volontairement, cette fois, quelques semaines à passer sans tapage d'une piste à une autre.

Le résultat en fut qu'un jour, je pus énoncer, à coup sûr, cette remarque qui paraîtra insignifiante à bien des gens,... si d'autres la comprennent à mi-mot.

— Il est, quand même, assez curieux que ce nombre de 72 revienne à chaque instant... sitôt qu'il s'agit de ces fameux *Verts*.

« ...Réalité ou bien symbole ?

— Nous ne sommes donc pas les premiers à nous être aperçus, *old man*, qu'ils se dénombrent par 72 les espèces de salopards qui prétendent chambarder le monde », répondit le « vieux James », placide.

— D'accord ! fis-je. N'est-il pas, pourtant, significatif que ce nombre joue

---
1. Je sais bien que le général a renié officiellement la fidèle de l'Homme au rouet, mais les gens informés savent eux ce que pareil désaveu cache.

un rôle fort important en occultisme et en kabbale et qu'il accompagne dans la Bible les idées de destruction, de domination absolue ?

« ...N'est-ce pas à une confusion de 72 langues qu'aboutit la chute de la Tour de Babel ? N'y a-t-il pas, d'autre part, 72 attributs de Javeh... 72 vieillards dans la Synagogue ?

« Et, dans le Zohar, ne sont-ce point 72 anges qui régissent le Zodiaque, c'est-à-dire la destinée humaine ? »

— Voire ! » interrompit Nobody, en émule de Montaigne. « Il s'agit d'hommes et non point d'anges. Et c'est une bonne corde qu'il faudrait pour les pendre, le plus tôt possible, ces « sanglants enfants de chienne-là » !

*
* *

Il me suffit généralement de faire dix pas dans un logis, pour deviner la profession du personnage qui l'habite.

Il existe, chez chacun de nous, une atmosphère professionnelle qui se trahit par quelques traits... des détails presque imperceptibles.

J'arrive fort bien à distinguer le bureau d'un homme de lettres du cabinet d'un dramaturge, le salon d'un gros négociant en cuirs et peaux, du living-room de tel commissionnaire aux halles, l'hôtel d'un filateur du Nord de la demeure d'un soyeux.

Mais il est, certes, plus difficile de différencier, dès l'abord, le logement d'un soldat pauvre de celui d'un prêtre ou d'un moine.

Si je n'avais su où j'étais, j'aurais donc bien pu hésiter lors de la visite que nous fîmes, le 25 janvier 1930, au personnage qui habitait ce très modeste appartement d'une rue insignifiante et triste, sur les confins de Vaugirard.

Quelques panoplies évoquaient assurément le militaire, mais une vieille icône, éclairée par une petite lampe à huile, disait aussi le religieux.

...On nous fit attendre longtemps.

Après quoi, une femme, jeune encore, jolie sous sa chevelure blanche, essaya de nous éconduire diplomatiquement, doucement, avec ce roulement des *r* qui m'émeut toujours chez une Slave.

Un quart d'heure, avec toutes les formes d'une politesse raffinée, elle nous fit comprendre nettement que nous avions mauvaise grâce à insister de pareille sorte !... et que jamais le général ne recevait des inconnus. C'était là une consigne formelle !

...Le général ? Oui !

Mais aussi, en quelque sorte, le pontife d'une religion presque abolie, flamme ténue, que des voiles de deuil protégeaient — oh péniblement — contre la plus formidable bourrasque qui eût jamais secoué le monde.

...Le général Koutiépoff, chef incontesté des Russes Blancs, peut-être suprême défenseur de la mystique du Tzarisme !

Si la douce gardienne du foyer, sa protectrice tutélaire, se montrait tenace, James et moi faisions preuve d'une obstination au moins égale, car il fallait absolument que nous eussions — et sans tarder — cette entrevue.

Ce fut alors que je pensai à un sésame qui devait être efficace, presque à coup sûr !

— Voulez-vous avoir l'obligeance de dire seulement au général, fis-je alors d'une voix assez forte, que le septième sceau va se rompre !

J'avais à peine achevé ces mots qu'une porte s'ouvrit derrière nous et qu'un homme, sans âge, apparut dans la modeste salle à manger de petit contremaître d'usine.

Le sésame avait opéré.

Un chef, vraiment, ce petit homme, vêtu d'habits propres, mais râpés, avec ce ventre bedonnant, ce teint fleuri, ce cheveu rare ?

Oui ! Cela se voyait aux yeux, deux flambeaux qui éclairaient l'âme.

Je reçus le choc du regard, à la fois lourd et acéré, sans un cillement des paupières. Puis il y eut un silence... intense.

Instinctivement j'attendais l'« allez, messieurs ! », prélude des duels.

— Mon général », fit Nobody, attaquant aussitôt en prime. « Nous ne sommes que trois hommes ici, mais alliés nous pouvons, je gage, venir à bout, à nous tout seuls, de soixante-douze fameux coquins !

Le général rougit un peu, mais ne répondit pas d'emblée.

Toutefois, sur un signe discret, Mme Koutiépoff s'éclipsa, tandis que, m'approchant un peu de l'icône mal éclairée, pendue au mur, je constatais que c'était une réplique de celle de saint Séraphin de Sarof.

— Mon général, continuait le « vieux James », paisiblement, vous devez estimer, comme moi, qu'il s'est perdu beaucoup de temps, depuis certain jour de juillet de l'année 1918,... faute de documents authentiques.

— Grâce au truquage d'une inscription ! précisai-je.

Le chef des Russes Blancs se maintint sur la défensive.

— Comment cela ? questionna-t-il.

— Ma foi, repris-je, le hasard veut que j'aie pu pénétrer, le 24, dans la maison Ipatieff, avant que ne fussent pratiqués les camouflages successifs qui ont brouillé toutes les pistes. Je possédais, à cette époque, un Kodak, excellent d'ailleurs, et j'avais déjà une passion réelle pour la photographie.

— Une preuve ?

La voix de Koutiépoff était devenue sourde et rauque.

— Peut-être avez-vous entendu parler d'un certain pope Tikhine, entre les bras duquel mourut cette crapule de Youroswsky, le meurtrier de la Tzarine et aussi de ce cuistot tchèque du général Gaida. Eh bien, ce dernier c'était moi, affirmai-je.

Je l'ai remarqué bien souvent. Plus un homme fait un effort pour demeurer maître de lui-même, plus il se trouble quand brusquement il perd contrôle de ses réflexes.

— Dans ce cas vous avez l'icône,... la photo de l'inscription véritable sous le swastika ! balbutia-t-il, blanc comme un linge. Douze ans, douze ans que je les cherche ! Que nous les cherchons, tous, en vain.

— C'est ce que nous disait encore Sa Béatitude Basil III, quelque temps avant de mourir, interrompit James, placide. Le flambeau qu'il laissa tomber, il faut que vous le repreniez, puisqu'il n'est pas encore éteint.

Je tendis icône et épreuve.

Le général Koutiépoff, chancelant presque comme un homme ivre, les mains tremblantes, les reçut.

Il baisait pieusement l'image de l'anachorète, pour qui la défunte famille impériale avait une dévotion profonde, lorsque la porte commença de s'entr'ouvrir tout doucement.

Vif comme la poudre, notre hôte posa les deux pièces uniques sur la table et les couvrit d'une revue, puis, avec cette exubérance qui étonne parfois chez les Slaves, il courut au nouveau venu, le saisit dans ses bras trop courts et le pressa sur sa poitrine.

L'autre rendit l'accolade avec une effusion touchante, toute russe, mais que je ne pus m'empêcher de juger un peu théâtrale.

Au reste, je remarquai, alors, qu'il glissait, dans notre direction, un coup d'œil en dessous, furtif, et qui n'était assurément point particulièrement amène !

Le personnage, dont Koutiépoff avait dit : « Mon ami Igor, une de nos plus précieuses recrues », en l'entraînant vers James et moi, me fut — intuition sensible — immédiatement antipathique !

C'était une étrange figure, en vérité, que ce grand corps, au haut duquel se balançait sur un cou trop long et trop mince, une petite tête toute ronde, aux pommettes saillantes de kalmouk et aux yeux légèrement bridés.

Le crâne entièrement rasé lui donnait, d'ailleurs, un aspect fort inquiétant, inoubliable.

Son visage ne se détendit en un sourire, non sans malice, que sur un exposé rapide, *mais inexact* du général :

— Figure-toi que ces messieurs croient avoir découvert la clef du « swastika de la Tzarine »…, qu'ils ont trouvé le sens caché de l'inscription que Sokoloff, ni Medvieff, ni nous autres, n'avons encore pu déchiffrer.

« Veux-tu aller prévenir nos frères du conseil ? Tu les convoqueras pour 9h. 35 où tu sais, si tu n'as rien contre, toi-même. »

L'inconnu nous considéra, à nouveau, avec scepticisme.

Puis il se pencha à l'oreille de Koutiépoff et murmura des mots que je n'entendis point.

Mais le geste du général m'éclaira, comme sa réponse :

— Je sais qui ils sont, je te dis ! affirma-t-il, en russe, rapide. Je sais qu'on peut avoir confiance, à tout le moins dans l'un d'entre eux.

Le « géant » à la tête en boule haussa ses épaules massives :

— Méfiance ! répéta-t-il seulement.

Je n'en fus surpris ni fâché.

Les tenants de l'ancien régime sont entourés de tant d'espions ; il en pénètre de si habiles jusqu'au sein de leurs comités, les plus secrets, qu'ils ont tendance à rester toujours sur leurs gardes.

— Va ! Va ! reprit le général, avec une trace d'impatience. Il faut que les autres soient prévenus, sans tarder. Je compte sur toi.

— C'est bon, je vais les alerter, répondit l'homme, sans enthousiasme.

Mais il eut, avant de partir, un second coup d'œil appuyé parfaitement significatif.

Le général Koutiépoff attendit que le pas traînant se fût éloigné, tout d'abord, dans le couloir puis sur les marches. Alors il se tourna vers nous.

— Cet homme m'est imposé, fit-il. Mais je n'ai guère confiance en lui. J'ai usé du premier prétexte, assez plausible, pour l'éloigner.

Il souleva la revue froissée et négligeant, pour le moment, l'icône, dont l'auréole de gloire cachait l'invisible secret, il concentra son attention sur les quelques lettres tracées de la main même de la Tzarine sous le trop fameux swastika.

— Ainsi vous prîtes cette photo le 24 juillet, donc, reprit-il…, alors que celle de Sokoloff ne fut prise qu'à la fin d'août.

Une émotion indéniable s'emparait, de nouveau, de lui et plus que tout à l'heure encore, ses mains se trouvaient agitées d'un violent tremblement nerveux.

— Enfin ! murmura-t-il. Enfin !

Sans lâcher l'épreuve, il gagna une petite vitrine située dans l'angle opposé de la pièce, déplaça une rangée de livres, tira, de derrière, un volume relié simplement en maroquin rouge et qui s'ouvrait à l'« italienne ».

Furtivement, il posa les lèvres sur la reliure fatiguée, puis il nous expliqua, avec une sorte de ferveur concentrée, comme un prêtre parlant de son Dieu :

— Voici, Messieurs, un exemplaire du code secret, dont se servaient leurs Majestés Impériales, lorsqu'elles correspondaient entre elles.

« Ce fut d'abord un jeu pour eux, jeu charmant, lors des fiançailles, quand le Tzarevitch Nicolas visitait l'Asie, le Japon. Puis ils en comprirent, par la suite, l'utilité, lorsqu'il fallut qu'ils correspondissent librement, en dehors des divers contrôles qui s'exerçaient — ils le savaient — dans leur entourage immédiat. »

Le général Koutiépoff s'assit sur une des chaises cannées, nous en offrit deux et reprit :

— J'ai compris *qui* vous pouviez être ! poursuivit-il. Je n'ai donc pas d'hésitation à vous parler à cœur ouvert, comme je le fais. Certes oui, vous pouvez m'apporter une aide efficace et j'ai, moi, le moyen de vous aiguiller exactement dans vos recherches.

Machinalement, ses doigts épais caressèrent le plat du volume.

— Sachez pour commencer, fit-il, qu'à la fin de 1909, se sentant constamment épiés, mes souverains, par ruse, eurent deux codes, celui qu'on connaît actuellement et dont ils avouèrent l'existence à certains de leurs familiers ; l'autre, d'un aspect presque identique, dont Raspoutine, même, n'eut jamais connaissance, j'en suis bien certain. « C'est le premier de ces deux codes (1) que Sokoloff put joindre aux pièces suspectes de son procès-verbal.

« L'autre, le vrai, je l'ai ; le voici. Je vous dirai, un peu plus tard, comment il est entre mes mains. »

Il feuilleta lentement quelques pages du dernier livre profane, sans doute, sur lequel s'étaient penchées les victimes d'Ekaterinenbourg.

Et soudain son visage changea.

---

1. Se reporter à l'enquête du juge Sokoloff, parue chez Payot.

— Ce serait le grec ! Là aussi ! l'entendîmes-nous murmurer.

Il referma le mince volume, y inséra notre photo et remit le tout dans sa poche. Il y eut un nouveau silence.

Koutiépoff demeurait muet, mais il pâlissait tellement que je craignis qu'il s'évanouisse.

Enfin, d'un effort, il parvint à retrouver l'ombre d'un sang-froid.

— C'est incroyable ! souffla-t-il. Cet homme serait donc l'Ante-Christ !

Il sursauta.

Un pas rapide, lourd, approchait dans le couloir.

Il eut juste le temps de nous dire :

— Demain à seize heures, rendez-vous, coin de l'avenue La Motte-Picquet et de la petite rue Tiphaine.

La porte s'ouvrit.

Igor entra.

...Notre hôte n'enchaîna peut-être pas assez vite la conversation.

Et puis il s'y prit tellement mal..., ses propos furent si incertains qu'un individu, moins prévenu que l'homme à la tête de boulet, eût compris que l'entretien avait dévié en sa présence.

Aussi, lorsque le général se décida à questionner :

— Alors, cher, déjà de retour ? eut-il la tranquille insolence de nous désigner de l'index et d'indiquer, par sa mimique, qu'il ne dirait rien, tant que nous... n'aurions point déserté la place !

Si bien que nous prîmes congé, gênés et inquiets, à la fin, d'une hostilité aussi nette.

— Qu'en pensez-vous vieux, demandai-je à Nobody, dans le taxi qui nous reconduisait chez moi.

— Que le général *sait*, maintenant..., qu'il a tout compris, grâce à nous, mais qu'il tâchera, malgré tout, de nous en dire le moins possible.

— Bah ! répliquai-je. N'avons-nous point les moyens de le faire parler.

— Il faut compter avec Igor !

Et, tirant sa *bruyère* classique, James entreprit de la bourrer lentement, méticuleusement, signe qu'il entendait réfléchir avant de discuter plus loin.

...Nous étions bien résolus, certes, à arriver au rendez-vous un peu avant Koutiépoff.

Aussi avions-nous fait en sorte de quitter la rue Bassano, où Nobody avait élu provisoirement domicile, vers 3h. 35, à ma montre, — un précieux chronomètre Patek — qui n'a pas encore varié d'une seconde, depuis vingt ans qu'il se trouve en ma possession.

Comme il nous fallait dix minutes, au grand maximum, pour atteindre le point fixé la veille au soir, — avec ma petite Peugeot, — nous avions grandement le temps.

Aussi était-ce à une allure très modérée que je menais, par le Cours-la-Reine, pour l'instant à peu près désert de voitures.

J'étais peut-être légèrement absorbé par certaines pensées, mais les réflexes d'un conducteur qui, — c'est mon cas, — possède une longue accoutumance du volant, sont devenus automatiques.

C'est pourquoi, lorsque le tri-porteur (qui débouchait, en hanneton, — pédales folles, — de la rue Bayard, jaillit dans l'allée latérale, juste devant mon pare-choc, j'amorçai une brusque embardée qui m'eût permis de l'éviter s'il ne s'était, en un clin d'œil, d'une volte voulue, rejeté délibérément sous mes roues.

Encore ne fis-je que le prendre assez faiblement en écharpe.

Mais, dans un bruit de verre brisé, la caisse vernie se renversait et l'homme, projeté à trois pas, au milieu des tessons, hurlait plus fort qu'un goret qu'on égorge.

Il y avait de quoi ameuter le quartier entier contre nous !

Cela n'y manqua point, d'ailleurs.

En cinquante secondes, l'avenue vide fut envahie d'une dizaine, puis d'une vingtaine d'énergumènes, sortis, on ne savait trop d'où, qui entouraient notre voiture d'un cercle hostile et menaçant.

J'eus d'abord — pourquoi le cacherai-je ? — la tentation de foncer à travers cette racaille, surgie bien opportunément, ma foi, pour nous accabler d'apostrophes malsonnantes et d'injures grossières.

Nobody m'en dissuada.

Nous n'aurions point atteint le pont des Invalides, que nous n'eussions été repérés aussitôt, avec notre aile cabossée, et traités en dangereux chauffards.

Mieux valait donc mettre pied à terre, perdre, s'il fallait, quelques minutes.

Je m'étais à peine penché sur le blessé, — dont le visage dégouttait, à présent, de sang, — que j'avais constaté, déjà, qu'il n'avait, en réalité, aucune égratignure profonde.

— Coup monté ! conclus-je aussitôt.

Nobody propose ...

Seulement de vrais badauds, cette fois, se joignaient aux premiers compères, et impressionnés par l'aspect pitoyable de la *victime*..., par les commentaires passionnés des faux témoins de l'accident, s'indignaient, comme bien on le pense, contre ces « brutes d' automobilistes ».

Je vis l'instant où la cohue, sincère, elle, nous écharperait..., nous ferait un mauvais parti.

Heureusement qu'un agent cycliste apparut enfin, majestueux, sur l'emplacement du petit drame !

D'abord assourdi par les cris, les vociférations furieuses, les explications bénévoles, — aussi diverses qu'accablantes pour Nobody et pour moi-même, — il finit par verbaliser, dans un silence relatif, puis arrêtant d'autorité un taxi Renault, en maraude, il y installa l'homme en sang — (en compagnie d'un médecin qui, comme par hasard, lui offrit ses services, par humanité) — et signifia qu'il fût conduit instantanément à Beaujon.

Après quoi, il nous invita, assez fermement, à le suivre jusqu'au poste du Grand Palais, distant d'environ six cents mètres. Je remarquai, alors, que les personnages les plus acharnés à nous accuser au début, s'étaient défilés dans la foule, tant et si bien qu'en arrivant au commissariat nous n'étions plus guère suivis que de curieux, qui eussent été bien empêchés de décrire la collision.

Certaines pièces d'identité, exhibées opportunément, à un secrétaire fort courtois, nous dispensèrent d'explications qui eussent risqué d'être fastidieuses.

Je téléphonai, cependant, à l'hôpital, pour être fixé sur la gravité de l'état du bonhomme « renversé » par nous !

Comme je m'y attendais, d'ailleurs, aucun service n'avait admis de blessé qui correspondît au signalement que je donnai.

Et il fut établi, sans peine, — dès le commencement de l'enquête, — que le triporteur, « emprunté », la veille, à un grand épicier, ne contenait que des bouteilles aussi vides que dépareillées.

S'étonnera-t-on d'apprendre que, lorsque nous eûmes regagné ma voiture, demeurée sur place, nous découvrîmes que les quatre pneus en avaient été perforés ?

Il était 16h. 10, maintenant !

Laissant là notre véhicule, nous bondîmes dans la première Citroën de place qui passa et, comme j'avais promis cent francs de pourboire au chauffeur — un Russe — s'il fonçait plein gaz, nous ne mîmes que sept minutes exactement pour atteindre le carrefour, fixé, la veille, comme lieu de rendez-vous..., non sans avoir été « sifflés », à trois reprises différentes, — d'où trois contraventions au vol, — dans l'avenue de La Tour-Maubourg !

Koutiépoff n'était plus là !

Y était-il jamais venu ?

On sait qu'il disparut, vers l'heure où il aurait dû nous rejoindre !

Je signale seulement, au passage, que la description qui fut faite, à l'époque, du « faux agent », par divers témoins dignes de foi, correspondait singulièrement au signalement précis d'Igor !

Mon opinion, d'ailleurs, est faite quant aux raisons qui empêchèrent les Russes Blancs de signaler à la Sûreté générale la disparition parallèle de l'homme à la tête de boulet !

*
* *

Le grand public a été mis au courant par la presse entière des recherches de la police, pour retrouver le général, mystérieusement enlevé.

Les hypothèses les plus bizarres, les plus rocambolesques aussi, furent, tour à tour, envisagées, puis abandonnées par l'enquête.

Le *Populaire* y vit, avec une clairvoyance inusitée, la « marque » de Downing-Street. Nobody, lui, en eut la preuve !

Mais si nous savions, l'un et l'autre, que l'opération pratiquée l'avait été, certainement, à l'instigation *indirecte* de l'Intelligence Service, nous n'arrivions point à comprendre, ou plutôt nous comprenions trop, les motifs des chefs hiérarchiques nouveaux de mon ami anglais.

Il ne fallait pas que le monde pût apprendre le sens des vingt signes, tracés par la défunte Tzarine, sous le swastika fatidique de la maison Ipatieff !

...Ce fut un hasard fort curieux qui nous lança, le surlendemain, soit le 1er février, sur une piste qui devait, éventuellement, nous permettre de retrouver l'extrémité du fil perdu !

Pendant dix lustres, le *Supplément Illustré du Petit Journal* a publié une collection d'estampes naïves, coloriées en teintes violentes, presque criardes, au dessin toujours outrancier, qui font le plus bel ornement des chaumières et des échoppes.

Cet hebdomadaire — petit-fils de la vieille image d'Épinal — avait, alors, comme secrétaire de rédaction, rue La Fayette, un assez bizarre garçon, par qui j'avais pu pénétrer dans certains groupements fermés, petites chapelles ésotériques, dont il était membre initié.

Bien qu'il eût exprimé, souvent, devant moi, un regret marqué de n'être point entré à la Trappe, je le soupçonnais fortement de pratiquer, à l'occasion, la magie tantrique thibétaine.

Or, la couverture en couleur du numéro de son « canard », qui suivit, à vingt-quatre heures près, l'enlèvement de Koutiépoff, présenta, aussitôt, pour moi, certaines particularités... dont la principale était que, *Le Petit Journal* (à l'époque organe d'un « conformisme » total) ne se ralliait pas, cette fois, à la version officielle, en ce qui concernait le rapt !

Elle représentait, cette page, une valleuse du Pays de Caux, près de laquelle stationnait une puissante automobile grise et la légende qui figurait au verso laissait deviner — pour qui lisait entre les lignes — que la rédaction du journal connaissait une des solutions possibles de ce problème obscur.

Fait plus curieux, le numéro m'avait été expédié, chez moi, avant sa mise en vente, sous enveloppe fermée, sans un mot.

Le lendemain donc, — un vendredi, je sonnai chez mon journaliste qui — il se pique d'être magicien — ne parut nullement étonné de recevoir pareille visite.

Il me jura bien sur le Char de Feu du Prophète Ézéchiel (son plus grand serment, parait-il), qu'il n'était pour rien dans l'envoi du fameux numéro « spécial »..., que la gravure de première page, faite de chic, n'avait pour objet que de faciliter la vente ; mais il ne se fâcha nullement quand je lui déclarai tout net que je n'en croyais pas un mot !

J'en savais assez, cependant, pour prendre congé sans tarder !

Ajouterai-je qu'il me retint sur la porte quelques secondes et qu'il me glissa à l'oreille :

— Si ce chien de métier-là ne me retenait à Paris, j'aurais plaisir, en ce moment, à aller passer une huitaine, sur la côte, dans un coin tranquille. Connaissez-vous le phare d'Ailly ?

...Comme le gardien du phare d'Ailly, à l'époque, Jagu Duhamel, originaire de Morlaix, est le beau-frère de Louis Autret, qui est, lui-même, le cousin de Jeanne Leguivic, la promise de mon ex-brosseur Pierre Tinel, il me fut relativement — la chance aidant — facile de m'insinuer dans les bonnes grâces de ce Breton, ancien marin, amputé d'un bras, sur l'Yser.

Pourtant, malgrés bolées, bistouilles, café « consolé » et rincettes, je crus bien que je n'arriverais jamais à vaincre l'entêtement de ce cerveau armoricain, matiné de ruse normande.

S'il *savait* quelque chose, en fait, le préposé du feu côtier entendait conserver pour lui ses constatations personnelles.

Et j'allais, ma foi, renoncer, pour ce jour-là, à lui « tirer les vers du nez », comme on le dit, lorsque Nobody employa le seul argument susceptible d'agir sur une nature pareille.

— Ma foi, mon brave, nous n'allons pas vous faire perdre davantage votre temps, déclara-t-il, en se levant de dessus le long banc d'auberge, sur lequel il était assis...

Nous nous rendons compte, à présent, que vous n'avez rien vu du tout ! D'ailleurs...

Il prit un petit temps, comme au théâtre, et acheva, d'un ton tranquille, indifférent : « ...votre voisine, Mme Dubois nous l'avait bien dit, tout à l'heure ! »

Une rapide enquête dans Ailly nous l'avait appris le matin, cette dame Dubois, veuve et revêche, était l'ennemie impitoyable du misogyne Duhamel.

Celui-ci donna sur la table poisseuse, bancale, du cabaret, un formidable coup de poing qui fit sursauter nos verres vides et accourir la fille de salle.

Je payai...

Le gardien du phare était devenu, à présent, aussi écarlate qu'une brique !

— La vieille chameau ! grommela-t-il. Elle va voir un peu, la vipère !

Puis, tremblant encore sous l'effet de l'indignation, combinée avec la dose massive d'alcool ingurgitée par lui, au cours de l'heure passée dans le débit, à nous tenir tête, sans grand'peine, il proposa à demi-voix :

— Des fois qu'on irait faire un tour, comme qui dirait dans la valleuse ?

— Ce n'est point de refus, bien sûr ! répondis-je. Ça nous fera du bien de nous dégourdir. Allons-y !

...Passées les dernières maisons du village de Petit Ailly et s'étant assuré, après un rapide tour d'horizon, que nous étions seuls à pouvoir entendre, dès lors, ce qu'il dirait, Jagu Duhamel explosa :

— Alors, comme ça, cette vieille sorcière vous aura dit, je parie, hein, que j'avais une cuite ce jour-là, ce qui m'empêchait d'ouvrir l'œil ? De quoi qu'elle se mêle, la poison ?

Il haussa ses épaules trapues.

Fig. 8.

Celui qui nous mit sur la piste des ravisseurs de Koutiépoff, Duhamel, le gardien du phare d'Ailly.

Et tout en obliquant à gauche vers la valleuse de Vastréval, il continua de grommeler :

— Ben mince, si je pouvais parler !

* * *

Les motifs pour lesquels l'honnête gardien de phare s'était tu — bien que deux enquêteurs habiles de la Sûreté l'eussent questionné, sans attacher d'autre intérêt, d'ailleurs, à sa déposition — étaient parfaitement respectables.

Ils procédaient d'un sentiment familial assez poussé !

Mais pouvait-il aller avouer à ces messieurs de la police qu'il avait non seulement fort bien aperçu le chalutier noir (à bord duquel on supposait, finalement, que Koutiépoff avait pu être séquestré !) mais qu'il l'avait identifié comme la *Belle Hougue* de Jersey, le propre bateau au mari de sa jeune sœur cadette Hortense !

Surtout que son beau-frère, Guérin, — sujet du Roi George, — chalutait ce soir-là, illicitement, fort en deçà de la limite des eaux territoriales françaises, où le poisson donnait à plein, comme qui eût dit un fait exprès !...

...Il fallait d'ailleurs que cette pêche eût été rudement fructueuse car depuis, à ce qu'on contait, ce bougre-là ne cessait pas de faire son plein dans les bistros de Saint-Aubin, de Saint-Hélier... et avait payé à sa femme un appareil de T.S.F.

Je conserve encore aujourd'hui une dent contre ce grand gaillard de loup de mer anglo-normand, vraie figure de boucanier, qui me valut une traversée de vingt heures, par mer démontée, sur ce petit côtre dieppois, le seul qui — en dépit du prix coquet offert par Nobody — n'eût point renâclé pour sortir par vent de noroît, sous trois ris.

Je fus malade comme un chien, moi qui — je l'avoue à ma honte — ai déjà le « cœur soulevé » lorsque je prends le bateau-mouche entre la Concorde et Saint-Cloud.

Et je vouai, dix fois par minute, à la vengeance des Erynnies, mon camarade qui, les joues roses et indifférent aux embruns, savourait sa pipe de bruyère, dont les bouffées intermittentes, à l'odeur d'huile de ricin, rabattues constamment vers moi par les rafales successives, augmentaient encore mon malaise.

Nobody propose ...

Heureusement que celui-ci cessa dès que nous eûmes doublé la digue du fort Élisabeth et qu'une accolade généreuse à la topette de whisky, sortie de la poche du « vieux James », me remit à peu près d'aplomb.

...Ce ne fut certes point dans Queen street que nous découvrîmes notre homme, mais le *pub* (1) où il fréquentait, — près de la caserne du Régent, — à l'enseigne du *Smart seeman*, ou du *Coquet Navigateur*... sentait quand même l'*ale*, l'encaustique et l'humanité bien lavée.

Emile Guérin avait encore une « bonne brise dans les voiles », mais il n'était plus « saoul perdu » et sa malice lui tenait lieu tant de prudence que de jugeote.

Il se rendit très vite compte de la valeur de son secret pour ces deux « messieurs » qui, venus de la part du gars Duhamel, n'avaient pas hésité, malgré la tempête qui faisait rage, à risquer leur peau à travers tant de milles de Manche en furie.

S'il n'eût été présentement déjà au bout de son rouleau, je doute fort qu'il eût parlé et nos arguments eussent été à peu près aussi fructueux qu'une conférence de Genève.

Nous trouvâmes, d'ailleurs, une alliée fort inattendue dans sa femme qui, venue le quérir afin de le ramener à la maison, environ l'heure du « souper », fut plus sensible à la musique cristalline des « souverains » et des beaux louis d'or d'avant guerre, dont Nobody s'était muni, qu'à tous les flots harmonieux des radio-concerts du monde.

A dire vrai, le patron filasse de la *Belle Hougue* n'avait aucun motif bien grave de nous celer ses faits et gestes du 31 janvier. Et s'il avait joué un rôle dans l'enlèvement de Koutiépoff c'était, en fait, à son insu et de façon épisodique.

Il n'avait point commis de crime en évaluant, un peu trop juste, la distance qui le séparait, ce soir-là, de la côte française !

Les pêcheurs cauchois se gênaient, peut-être, pour rendre la pareille aux chalutiers anglo-normands, quand les bancs de merlus frayaient dans les parages des Minquiers, à croire même qu'ils s'imaginaient que les rochers étaient à eux !

Était-il plus répréhensible de n'avoir point abandonné, à la dérive, ce grand canot automobile rencontré, plus au large, à la nuit tombée, devant Saint-Valéry-en-Caux et dont les occupants nordiques l'avaient payé très grassement pour leur frapper une remorque.

Pas son affaire, hein, si un yacht — un beau yacht, ma foi, peint en blanc —

---
1. Bistro, anglais.

« espérait » le canot, sous Serk, en croisant, à petite allure, de l'Etac jusqu'à la Baleine !

La mer est à tout le monde hein,... et personne ne l'avait chargé de veiller au grain, aussi donc !

Le pavillon de ce yacht-là, il ne l'avait point vu, bien sûr !

Les couleurs ne sont pas hissées à la corne. avant le lever du soleil, sur les bâtiments de plaisance qui se respectent et l'aube blanchissait juste le ciel, quand le canot qu'il remorquait avait accosté la coupée !

— Le nom ?

— Ça, comme un fait exprès, il y avait un bout de prélart qui pendait du couronnement et qui masquait tout un grand pan de l'arrière, à l'endroit précis ou s'étalent, à l'habitude, les lettres d'or de l'étambot !

Cette placidité normande finissait par m'exaspérer.

Mais Nobody continuait à questionner sans impatience :

— Et vous n'avez rien remarqué qui fût spécial dans le gréement ? Le visage d'Émile Guérin s'éclaira :

— Pour ça, j'sais quand même 'core distinguer un trois-mâts barque, quand j'en vois un, surtout, est-ce pas, qu'les *yacks* mixtes, affublés comme ça, sont plutôt rares en Manche, à c't'heure.

« ...Si j'en ai déjà vu un d'même ? » répéta-t-il au bout d'un temps sur une nouvelle « attaque » de James.

Il se gratta la tête.

« P'têt'e bien, maintenant que vous m'y faites penser. D'vait y avoir un scandinave ou un balte aux régates de Cowes, l'an dernier, qu'avait cette touche-là ! »

Mon camarade dut estimer que le patron de la *Belle Hougue* avait achevé de vider le fond de son sac, comme on dit, car après avoir allongé discrètement une pile de « jaunets », vers la jeune sœur de Duhamel, il serra vigoureusement les mains du couple et annonça que nous partirions de bonne heure, le lendemain, pour le continent.

Le vieil aphorisme que la nuit porte conseil se vérifia, une fois de plus, ce matin-là, car nous n'avions pas achevé notre breakfast, dans l'une des salles encore déserte de l'*Esplanade*, — avant de prendre, au bout du port, le petit vapeur granvillois, — qu'Hortense Guérin apparaissait, un peu timidement, sur le seuil.

Un café la rendit loquace.

— Faudrait point le dire à son homme, qu'il lui ferait des misères, après, des fois qu'il viendrait à savoir.

« Mais puisque ces Messieurs voulaient bien se montrer si généreux...

(James cligna la paupière droite et sortit, ostensiblement, de son gousset, un « souverain »)

« ...Ça les intéresserait peut-être de savoir que, dans le canot automobile, remorqué par la *Belle Hougue*, se trouvait...

Elle se pencha, les yeux brillants.

« ...un homme qui semblait bien malade et qu'était resté allongé, tout le temps, da, dans le *cock-pit*, sous une floppée de couvertures.

« Paraît qu'il n'avait point remué pied ni patte, de tout le trajet, mais qu'il gémissait fréquemment, d'une façon plutôt cocasse et en un drôle de charabia !... »

Quatre louis glissèrent sur la nappe ; le regard hardi pétilla.

Et la jeune sœur de Duhamel, les joues écarlates, se leva, fit une révérence plongeante et s'en fut en courant... heureuse, serrant son « butin » dans ses doigts.

Chapitre II

À bord de l'*Asgärd*.

Dans les théâtres subventionnés, les actrices n'atteignent, d'habitude, à l'honneur, assez redoutable, d'affronter les rôles d'ingénue qu'une fois la cinquantaine passée.

Cette règle, fâcheuse, souffrait au moins une exception, dans la personne de la toute blonde, toute frêle et si fraîche Elsa Eriksenn, à l'époque *prima donna* de l'Opéra Royal d'Oslo, bien qu'elle n'eût certainement pas encore dépassé la trentaine.

...Si le bonheur est de ce monde, pouvait-il être homme plus heureux que le baron von Bautenas, conseiller-privé-extérieur de la République lithuanienne, puisqu'il possédait, à la fois, l'amour et la fidélité de la délicieuse cantatrice et ce magnifique grand yacht mixte, — gréé, chose rare, en trois-mâts barque, — plus blanc qu'un mouette, l'*Asgärd*.

La plus merveilleuse des filles-fleurs, sortie des Sagas scandinaves, l'un des plus modernes, peut-être, des plus rapides, des mieux conçus de tous les navires de plaisance que caprice de milliardaire ait jamais lancé sur les flots.

Le baron Otto devait être, à coup sûr, colossalement riche !

Il fallait, certes, qu'il le fût pour entretenir sur un tel pied, un tel luxe féerique à son bord... mais plus encore pour que la belle, la si capricieuse Elsa ait découvert son « âme sœur » sous cette grossière enveloppe charnelle qui n'avait, assurément, rien d'« attractif » ni de séduisant !

Si le conseiller n'eût été authentiquement l'un des plus hauts fonctionnaires du gouvernement du dictateur Valdeméras, l'une des « lumières » de Kovno,... le plus farouche animateur du mouvement antipolonais, on l'eût pu prendre, à première vue, pour un Cosaque du Kouban, brutal, illettré... éventreur !

Il avait des jambes arquées, des mains énormes, aux doigts carrés,... des petits yeux de jais bridés, perpétuellement en mouvement. Et il eût gagné certainement à ne pas se coiffer, ainsi, à la mode de l'Europe centrale qui l'obligeait à se passer le crâne à la tondeuse à barbe !

C'était, au demeurant, un homme courtois, policé et affable.

Et c'était toujours un régal que de goûter le charme profond et sans cesse renouvelé, de sa très vive intelligence, charme qui ajoutait encore à l'euphorie qu'on éprouvait à voguer, toutes voiles dehors, sur cet alcyon aux ailes blanches, au vol sûr qu'était l'*Asgärd*, au plaisir, plus subtil, d'un flirt avec cette créature blonde, presque irréelle et cependant extraordinairement voluptueuse qui s'appelait Elsa Eriksenn.

De plus, le bar anglais du yacht recélait un whisky de choix, du *White Horse* 1904, l'année préférée, paraît-il, des amateurs d'alcool de grain.

*
* *

...On comprend, dans ces conditions, que les deux ingénieurs yankees de la *Chicago Machine-Tool Corporation*, — présentement en mission dans les États Baltes et, passagers, depuis huit jours, du trois-mâts barque — palais flottant, — n'eussent point fait grand'chose pour hâter la conclusion de ce marché qu'ils étaient chargés de débattre, entre leur firme d'une part, et l'état lithuanien, de l'autre.

William P. Sleets et Andréas J. Gadger, sitôt arrivés à Vilna, où le conseiller Bautenas menait la lutte ouverte contre les ambitions territoriales de Varsovie, s'étaient abouchés, sans tarder, avec le puissant personnage, dont ils avaient lieu de penser que l'intervention leur vaudrait la commande très importante qu'ils étaient venus décrocher !

Il n'est point de petits profits !

Le bras droit de Valdeméras avait compris, de son côté, que la commission allouée pour la réussite de l'affaire, vaudrait la peine, même pour qui avait l'habitude de jongler avec les millions de couronnes. Et, comme son yacht appareillait pour une croisière vers les fjords, justement, le surlendemain, il avait prié les deux hommes, venus du lointain Chicago, de se joindre à ses invités !

Voyage d'agrément, sans nul doute, accompli à petites étapes, avec escales assez nombreuses à Malmoë, à Götesborg, à Fredrikshald, à Christiansund... et qui se poursuivait maintenant vers Stavanger et vers Bergen, pour se prolonger vers Aalesund, peut-être même jusqu'à Trondjhem, si la saison le permettait.

FIG. 9.

Si mauvais qu'il soit, cet instantané très agrandi pris à bord de l'*Asgård* constitue cependant une des pièces les plus précieuses de ma collection. De gauche à droite : L'ingénieur Andréas J. Gadger ; la cantatrice Elsa Eriksenn ; l'ingénieur William P. Sleets ; le roi des allumettes Ivar Kreuger. Debout, le baron balte von Bautenas.

Le grand bateau blanc, baptisé — était-ce fortuitement ? — d'un vocable dont les légendes islandaises désignent le paradis terrestre (le royaume du roi de Thulé), s'arrêtait au hasard des fjords,... des caprices d'Elsa Eriksenn.

Tout était prétexte à promenades, à longues excursions à terre, au cours desquelles la cantatrice recherchait très visiblement la compagnie d'A. J. Gadger, cependant que Bautenas accaparait William P. Sleets.

Coïncidence curieuse pourtant, dès que la chaloupe à moteur de l'*Asgärd* avait déposé les excursionnistes sur la côte, la T. S. F. se mettait à crépiter activement, utilisée qu'elle se trouvait, pendant des heures consécutives, par le quatrième hôte du bord, unique « client », pour ainsi dire, du « radio », depuis que le yacht avait franchi le Cattégat.

Étrange et falot personnage que ce grand garçon blond, fébrile, pour lequel le baron Otto semblait avoir une amitié de longue date, très particulière !

Était-il amoureux d'Elsa ?

Peut-être ; mais alors, timidement, car il n'en laissait rien paraître, si ce n'est, par son attitude, lorsque au hasard d'une rencontre, elle lui adressait la parole.

Alors, . il rougissait soudain, comme un collégien pris en faute, balbutiait et s'enfuyait, après lui avoir répondu de quelques rares monosyllabes.

Ses traits mous, quelconques, au surplus, ne s'éclairaient jamais autant que lorsque passait près de lui certain petit mousse déluré qu'il appelait très fréquemment — sous des prétextes — dans sa cabine !

L'affection que le conseiller lui portait se manifestait par des attentions constantes. Il l'entourait de mille soins, respectait ses nombreuses manies, dont certaines étaient irritantes, veillait à ce que jamais rien ne manquât à ses habitudes, aux exigences de son confort.

Ainsi, comme, par la négligence d'un steward, la provision de cigares de marque spéciale que cet hôte choyé fumait, risquait de se tarir avant que la croisière fût terminée, Bautenas n'hésita point à fréter télégraphiquement un hydravion qui, en dix heures, rapporta, d'Oslo à l'*Asgärd*, vingt-cinq boîtes de *King's Habanas* !

Ivar Kreuger ne prenait d'ailleurs aucun de ses repas avec les autres passagers et la cuisine qu'on lui servait était une cuisine à part.

Dire qu'il horripilait Gadger et surtout Sleets serait encore au-dessous de la vérité.

Et la chanteuse avait confié au premier qu'elle eut volontiers calotté cette « tête à gifles » si son maître et seigneur n'avait *exigé* qu'elle fût avec lui d'une extrême amabilité.

Deux ou trois fois — et sans raison apparente — le Suédois blond, cessant, tout à coup, de faire l'ours, s'était mêlé aux entretiens du conseiller et des Yankees et ceux-ci avaient dû convenir qu'il était infiniment plus intelligent qu'il ne semblait.

Il s'était animé ou presque, avait perdu sa gaucherie et avait émis, non seulement des opinions originales, mais brillantes et des plus sensées, sur l'avenir, notamment, du capitalisme en Europe, et la faillite dans laquelle risquait de tomber, tôt ou tard, la société des possédants si des remèdes draconiens n'étaient point appliqués, très vite, à l'effroyable marasme mondial.

Même il avait laissé entendre que, grâce aux relations nombreuses et puissantes qu'il entretenait dans la plupart des grands pays, il tenterait, un jour prochain, de rétablir cet équilibre, sans lequel la machine ronde risquait de rouler aux abîmes !

Qu'il fût sensible à sa manière aux splendeurs de l'hiver nordique ?

Possible ! Car les Américains l'entendirent, à plusieurs reprises, déplorer que ses cent usines contribuassent au déboisement de ces magnifiques forêts, dont le feuillage dense d'un vert sombre se reflétait continuellement dans l'eau immobile des fjords.

Mais, en fait, la plupart du temps, il semblait manifestement plongé dans une sorte d'hébétude, analogue à celle des malades qui s'adonnent à de trop fortes doses de « neige », d'opium ou de morphine,... stupeur dont seul Bautenas parvenait à le faire sortir.

Alors Kreuger s'accrochait littéralement au baron, comme un noyé à une branche et on pouvait les voir ensemble, arpenter, des heures durant, sans rien dire, les planches du spardeck.

Après quoi, généralement, le conseiller expédiait quelques brefs messages en radio !

※
※ ※

Le Hardanger Fjord est peut-être le plus pittoresque de la côte, dominé qu'il est par la masse étincelante du Lange-Fjeld, le glacier où, selon les heures, brillent des beryls, des rubis, des émeraudes ou des améthystes.

La course devait être assez longue et le groupe des excursionnistes était parti de très bonne heure, afin d'atteindre, pour déjeuner, la fameuse grotte de Rosmersholm, ce palais enchanté taillé par les génies de la montagne dans la glace translucide du Berg.

Par exception, ce jour-là, Kreuger s'était décidé à accompagner Bautenas et l'on eût dit, tant il mettait d'ardeur à gravir les sentiers, qui serpentaient par la moraine, un jeune échappé de collège.

Gadger lui, mettait à profit, résolument, le tête-à-tête que les circonstances favorables lui ménageaient avec Elsa et, tandis que le Suédois et le Balte disparaissaient, en avant, au détour des sentes, il flirtait ferme avec la blonde fée des neiges, plus troublante, encore, dans ses lainages garçonniers.

La cantatrice vit-elle — alors que palpitante, elle se serrait, un instant plus tard contre lui — le sourire qui se joua sur ses lèvres, soigneusement rasées, lorsqu'elle lui confia, rougissante, qu'il embrassait « comme un Français » ?

* * *

L'*Asgärd*, quitté peu après l'aube, ne fut rejoint qu'au crépuscule. La petite main chaude d'Elsa serra significativement celle du plus jeune Américain, lorsqu'ils se séparèrent en haut de l'échelle de la coupée, tandis que le baron joyeux et son « cher Ivar », excités par la marche et par le grand air, échangeaient encore, en riant, de grasses et lourdes plaisanteries.

...Le premier soin de l'ingénieur fut d'aller prendre des nouvelles de son ami William P. Sleets, qu'une attaque de paludisme, attrapé jadis aux tranchées de l'écluse de Culébra, avait empêché, le matin, de se joindre à la caravane.

Le gros homme était étendu confortablement sur son cadre, avec, à portée de la main, un fort convenable *night-peg*, plus qu'à moitié vide, déjà.

Il accueillit son camarade avec le sourire épanoui d'un convalescent, enchanté d'en être quitte à si bon compte.

— Le Rosmersholm ? questionna-t-il.
— *Most gorgeous ! Wonderful ! Splendid !*(1).
— *Elsa ?*
— *Lovely, dear fellow ! Got the sweetest lips in the world*(2).
— Bautenas ?
— Plus que jamais plein d'attentions à *notre* égard.

---

1. Éblouissant. Magnifique. Splendide.
2. Exquise, mon cher ami. Elle a les plus douces lèvres du monde !

— Kreuger ?
— Un chevreau, mon vieux, gambadant et heureux de vivre !
...William P. Sleets roula les yeux et tira une langue blanchâtre.

Cette grimace devait avoir, pour Andréas J. Gadger une signification précise, car il regagna, aussitôt, sa cabine, contiguë, d'ailleurs, et communiquant, par une porte, avec celle de son collègue !

* * *

A deux heures du matin, alors que tout à bord devait dormir, cette porte s'entrebâilla, sans bruit, et William Sleets, en pyjama, vint se glisser discrètement sous les draps, près de son cadet, dont le ronflement était feint !

Oh, honni soit qui mal y pense !

Ce n'était là qu'une précaution, fort ingénieuse, que les deux hommes avaient adoptée, du jour où il s'étaient trouvés sur l'*Asgärd*, afin de pouvoir deviser tranquillement et à loisir, sans risque aucun d'être entendu par des oreilles indiscrètes.

Certaines cabines sont si sonores, surtout à bord de certains yachts !

— Eh bien, cette sacrée crise de fièvre m'avait flanqué tellement à bas, chuchota le gros ingénieur, avec un sourire pickwickien qui ressemblait singulièrement à celui de James Nobody, que je fus contraint, peu après votre départ, de me traîner jusqu'à la cabine du docteur !

« ...Celui-ci fut très effrayé par cette crise de paludisme,... par cette température montante, par ce délire qui prenait une allure épileptiforme et il me prodigua des soins et des calmants jusqu'à midi.

« Ma maladie le déroutait visiblement par des symptômes qu'il n'avait encore jamais vus, et pour cause... ! »

Une lueur brilla, ironique, dans les yeux mi-clos.

« Aussi, quand la fatigue aidant, reprit la voix basse, pateline, je commençai à m'endormir, sur le propre lit du *toubib*, d'un sommeil d'épuisement total, estima-t-il fort opportun de me laisser reposer seul, se fiant à la bonne nature pour achever ma guérison. »

...Nobody approcha ses lèvres davantage de mon oreille.

« Croirais-tu qu'à bord de l'*Asgärd*, où tous les cuivres reluisent à clair, où les planches du pont sont briquées avec une minutie rare, même sur les *men of war* de la flotte, le ménage soit aussi mal fait ? »

Le petit sourire pickwickien reparut sur les lèvres épaisses.

« ...Oui, n'en déplaise à notre exquise et si hospitalière hôtesse, — il me donna un coup de coude ! — certaines cabines sont balayées vraiment en dépit du bon sang.

« En veux-tu une preuve, au surplus ? »

De la poche de son pyjama, d'où dépassait une pochette de soie verte, le « vieux James » sortit une petite médaille de cuivre, dont l'avers portait le profil assez reconnaissable du Christ, entouré des lettres *yod* et *schinn*, à ce qu'il me sembla, du moins, et dont le revers se chargeait d'une courte inscription hébraïque, que je ne sus point déchiffrer.

— Cette médaille, continua le pseudo-William P. Sleets, avec une soudaine gravité, était fort heureusement coincée entre le cadre et la cloison de la cabine du docteur et j'eus quelque mal, je vous jure, vieux Teddy, à la dégager.

...J'avais reconnu, pour ma part, à présent, ce fac-similé de la pièce de monnaie antique, familière aux archéologues et que les numismates désignent du nom de « Denier de Trajan ».

Je savais que de gros volumes lui avaient été consacrés, car son inscription saluait Jésus-Christ comme le Messie, attendu par tout Israël, ce qui conduisait à penser qu'elle avait servi à l'époque du Christianisme primitif comme signe de reconnaissance et de ralliement aux premiers sectateurs de la foi nouvelle, aux disciples du Nazaréen !

N'avais-je point lu, même, quelque part, que, frappée peu de temps après la mise en croix sur le Calvaire, il y avait les plus grandes chances pour qu'elle reproduisît les traits véritables du fils de Marie ?

— Cette médaille ne quittait jamais le général Koutiépoff ! poursuivait Nobody, avec autant de sourde véhémence qu'il en pouvait mettre dans son ton, étant données les circonstances. Comprends-tu maintenant ?

Je hochai affirmativement la tête !

— Il la portait au bout d'une chaîne d'acier fin, autour de son cou.

« Ses proches me l'ont certifié, tandis que tu étais à Londres, pour préparer notre équipée.

« Son mysticisme slave y trouvait une occasion d'espérer, même aux heures les plus douloureuses. Elle lui avait été remise, paraît-il, par un des esprits supérieurs de notre temps, un certain Sédir. Tu connais ? »

— Oui, le fondateur, énonçai-je, de ces *Amitiés spirituelles*, dont ledit « Denier de Trajan » est justement l'insigne.

— Ainsi notre piste était bonne !

(Face.) (Revers.)

FIG. 10.

« Denier de Trajan » ayant appartenu au général Koutiépoff.
Trouvée à bord de l'Asgärd, yacht du baron von Bautenas — dont j'étais l'hôte avec Ivar Kreuger — cette médaille nous confirma que le chef des Russes Blancs y avait été séquestré.

Les yeux toujours mi-clos de James brillèrent de cette lueur filtrante qui traduit la joie du succès.

« ...Koutiépoff a bien été embarqué sur ce bateau-ci ! »

Et un silence frémissant s'établit entre nous, silence plein d'une exaltation profonde, la plus belle qu'un homme puisse connaître, à mon avis, celle de la *chasse* !

...Grâces soient rendues à l'affectueuse complicité de notre ami, le général J. C. Parker, ci-devant agent supérieur de l'Intelligence Service américain de l'A. E. F. (1) et présentement *vice-chairman* (2) de la *Chicago Machine-Tool* !

Sans lui, eussions-nous jamais pu découvrir une raison plausible de nous introduire, de la sorte, dans l'intimité journalière du conseiller Bautenas et nous eût-il été donné de devenir les commensaux de l'*Asgärd*, du yacht magnifique, au gréement rare de trois-mâts barque, dont nous devions la description fort exacte à Émile Guérin, beau-frère de Jagu Duhamel, gardien manchot, mais non aveugle, heureusement, au phare d'Ailly !

* * *

Cette découverte nous entraînait à des déductions primordiales !

Nous avions la conviction nette que le général Koutiépoff avait été enlevé, sur ordre émanant de ces fameux *Verts*, dont l'existence, pour nous, du moins, n'était nullement hypothétique et qu'il se trouvait en mesure de nous aider à démasquer !

Bautenas, en conséquence, était l'un des 72 *Verts*. Et non des moindres, évidemment, si l'on en jugeait par le luxe de milliardaire qu'il déployait.

C'est *lui* qu'il fallait faire parler pour trouver la clef du mystère de la disparition soudaine et tragique du chef des Russes Blancs, que toutes les polices du monde recherchaient bien..., mais mollement !

Par lui, nous tiendrions enfin, *enfin*, un maillon de la chaîne !

Qu'on nous excuse, mais cette pensée prima, en nous, quelques instants, l'espoir de délivrer celui qu'une épouse torturée pleurait, au cas peu probable, d'ailleurs, où il aurait été vivant !

...Un autre point attirait encore — il faut le dire — notre attention, à savoir les relations qui existaient entre Kreuger — météore, jailli soudain au

---

1. Le corps expéditionnaire américain.
2. Vice-président.

firmament de la finance, soutien des budgets chancelants de tant d'États européens, roi des allumettes suédoises — et le baron lithuanien, membre de la confrérie occulte qui prétend dominer le globe.

Pareille association jetait, à notre sens, un jour singulier sur la prodigieuse fortune de ce Scandinave falot, nous l'avons dit, plutôt borné, d'une mentalité assez trouble, devenu, en si peu de temps, comme on le sait, l'un des piliers du capitalisme mondial... et dont les conceptions n'étaient brillantes, originales, géniales, que lorsqu'il était — c'est un fait absolu — « en état second »1

...Sans vouloir nous donner de gants, qu'on nous permette de signaler que, dans le rapport adressé par nous, *confidentiellement*, à l'époque, au très grand Lorrain qui avait charge des finances de la République Française, nous insistâmes sur le danger qu'il y aurait à traiter avec celui que nous considérons comme une créature des *Verts* !

Les événements devaient bientôt nous donner raison, au surplus, puisque la mort de Kreuger — (qu'il y aurait donc de choses à dire sur les « suicides suggérés » depuis relui de Lœwenstein !) — ébranla, jusqu'aux fondations, l'armature même de l'Europe est fut l'une des causes principales de l'effondrement de la livre !

Le meurtre de Sarajevo, le massacre de Nicolas II, l'assassinat de Rathenau... le krach du Roi des allumettes, autant d'étapes victorieuses vers le dénouement préparé de longue main par les 72...

Il restait à jouer une manche, mais il ne fallait pas la perdre !

Le peu que nous savions déjà nous permettrait-il de crever l'abcès vert, de le débrider, d'empêcher la gangrène fatale de se propager davantage ?

Pourrions-nous dédier à temps les yeux des conducteurs de peuples, les dresser unis contre l'Hydre, le Dragon aux 72 têtes ?

Chapitre III

Une histoire de chasse aux canards !

Cette nouvelle crise de paludisme qui mit sérieusement en danger les jours précieux de William Sleets, — sans que Nobody, à vrai dire, en fût du tout incommodé, — avait un peu contraint l'*Asgärd* à abréger notre croisière et à faire relâche à Stockholm.

Les soins d'une charmante infirmière fort compétente, au demeurant, Vera Petrovna Vassilief, qui nous avait été, sur l'heure, procurée par la vénérable « Matrone » de l'hôpital Haakon, le calme d'une chambre confortable et paisible de l'hôtel Dagmar, devaient contribuer heureusement à un rétablissement rapide !

Ce jour-là donc, 6 février, James enfoncé dans un fauteuil, tout près de la double fenêtre, qui laissait passer une clarté matinale presque éblouissante, devisait de son ton placide, avec son flegme pickwickien, par-devant votre serviteur et sa blonde garde-malade, elle-même installée, sans façon, à califourchon sur une chaise, dont le dossier servait d'appui à ses mains et à son menton.

Il devisait.

Mieux vaudrait dire qu'il faisait une conférence pour le bénéfice exclusif de ses deux auditeurs présents.

— L'*Echinocactus Williamsi*, avait-il commencé, en homme qui possède à fond, son sujet, est un cactus qui ne pousse guère que sur les plateaux désertiques, à demi, du Centre Mexicain.

« Certains collectionneurs anglais de cactées — et ils sont nombreux — l'ont appelé *« turnip-cactus »*, ce qui en décrit, par ma foi, assez exactement l'aspect, car il ressemble effectivement à un gros navet d'un vert sale, dont la tête serait divisée en huit lobes d'inégale grosseur.

« Si loin qu'on remonte dans l'histoire, même précolombienne, *little girl* (James eut un sourire paternel à l'adresse de la jeune Slave), on voit que l'*Echinocactus Williamsi* se trouvait connu de certaines tribus indiennes, qui l'avaient baptisé *peyotl*, d'un vocable du dialecte nahuatl..., et qui en appréciaient aient déjà les très curieuses propriétés. » Nobody replia ses jambes, se cala les reins et reprit :

— Le peyotl, pour les indigènes de l'Amérique primitive, était une sorte de plante-dieu et les prêtres huichahs, qui vivent dans la Sierra del Norte lui rendaient un culte véritable qu'il n'est pas loin de mériter.

« Aujourd'hui, encore, les jeunes hommes de cette tribu autochtone, dont l'habitat se trouve, pourtant, à un peu plus de deux cents lieues de la zone où pousse le peyotl, n'hésitent pas à parcourir, une fois l'an, huit cents kilomètres de pistes impossibles, de déserts et de montagnes impraticables, pour rapporter, à leur tribu, la provision du « navet vert », dont elle ne saurait se passer.

« Car qui a goûté au peyotl ne parvient plus à se défaire de l'habitude d'en mâcher ! »

James s'arrêta pour rallumer sa vieille pipe de bruyère et en tira, à petit bruit, deux ou trois bouffées satisfaites.

« Ce peyotl, les Indiens Huichahs le font sécher, poursuivit-il, selon des méthodes secrètes, qu'ils se transmettent jalousement de grand-père à petit-fils.

« Ils le découpent en tranches minces, — qui ont l'aspect de ces cèpes secs que l'on vend chez les épiciers, — et que les ethnographes anglais ont appelé « *mescal buttons* ».

— La sensation que l'on éprouve à mastiquer ces sortes de chiques est d'abord fort désagréable, interrompis-je, désireux de dérouiller un peu ma langue et de faire preuve, moi aussi d'une certaine érudition devant Vera Vassilief. L'odeur est franchement écœurante, le goût poivré dessèche la bouche et provoque souvent des nausées que les indigènes écartent par de bizarres incantations sans aucun effet, au surplus, sur les Européens pur sang.

— J'en ai goûté, à maintes reprises.

Le vieux James tenait à placer intégralement sa « conférence ».

Je me tus donc et l'écoutai, d'autant plus volontiers qu'il a, en matière de stupéfiants, une expérience plus étendue et plus ancienne que la mienne.

« Passée la première demi-heure, après l'absorption d'une seule dose, — un « *mescal button* » suffit bien, — on éprouve généralement cette sensation d'euphorie que procure aux intoxiqués une piqûre de morphine.

« Mais l'impression est autrement plus vive et plus complexe, aussi, que celle produite par l'ingérence des alcaloïdes de l'opium.

« Elle est d'ailleurs malaisément exprimable, lorsque l'on revient de l'espèce de nirvana où l'on se trouve très vite plongé,... lorsque se dissipent les fantasmes qui accompagnent l'état second,... lorsqu'on reprend pied sur cette terre ! »

Nobody réfléchit, suça d'un air absent sa pipe éteinte, de nouveau, sans qu'il s'en souciât et sa voix se fit différente.

« Figurez-vous que les couleurs, le moindre objet, prennent un éclat absolument extraordinaire,... qu'un bruit, même non musical, évoque de fantasmagoriques, d'éblouissants jeux de lumière, analogues à ceux qu'on obtient en s'appuyant assez longtemps et assez fort sur les paupières,... à cette différence que ces feux d'artifice, ces projections, se produisent en dehors de vous,... qu'on les voit effectivement. »

Chose rare pour un Anglo-Saxon, —même avec du sang irlandais, — James s'était mis à dessiner des arabesques dans le vide avec le fourneau de sa pipe, à la manière d'un latin.

Ma parole, il faisait des gestes !

« En même temps, toute votre existence vous apparaît, continua-t-il. Les moindres détails reparaissent fidèlement à votre mémoire, avec une rapidité véritablement prodigieuse, mais sans trou, dans un ordre parfait !

« Mieux vaut ne tenter l'expérience que devant des amis très chers et auxquels on peut se fier, car cette sorte de rêve éveillé, vous le traduisez à voix haute, sans seulement vous en douter. Vous décrivez toutes vos visions, vous répétez de façon claire les circonstances revécues... en une confession totale, qui ne laisse plus aucun mystère sur la nature de vos actes et votre vraie mentalité ! »

— Si l'Inquisition eût connu votre drogue, elle eût évité à bien des relaps la torture ! murmura assez pensivement Vera Petrovna Vassilief ! Heureusement que la Tchéka n'en usait point, il y a six mois, quand le commissaire Gontcharoff m'interrogea sur les motifs de mon voyage vers Kharbine !

— Les premiers voyageurs qui eurent l'occasion d'observer de près les effets du « *turnip cactus* », ronronna Nobody, comme s'il n'avait même pas entendu, crurent, à tort, qu'il permettait de prédire l'avenir... Fichaises !

« Les services réels qu'il peut rendre sont beaucoup plus intéressants. »

— Et où peut-on se procurer du peyotl ? questionna la Slave dont les sourcils s'étaient froncés, tandis qu'elle s'étirait, féline.

James fit semblant de n'avoir point perçu la question positive, mais il n'y répondit pas moins exactement, à sa façon.

— Dans le Rio Grande del Norte, des trafiquants métis recueillent l'*Echinocactus Williamsi*, le volent au besoin, aux Indiens et le vendent, ensuite, à prix d'or, dans certains ports du nouveau monde, sous le nom caractéristique *don't you think,* de *dry whisky* (1).

« La prohibition a, d'ailleurs, fait de ce commerce clandestin une industrie des plus prospères, typiquement nord-américaine où l'on s'enrichit bien plus vite que dans l'état de bootlegger.

« Liverpool, Hambourg et Marseille ont suivi le progrès très vite et ont ouvert des officines à peyotl, qui font concurrence aux distributeurs de coco, d'héroïne, de « neige » et d'opium. »

Vera Petrovna Vassilief reprit sa pose de sphynge blanche, quelques instants interrompue et son front lisse redevint d'une sérénité de marbre.

James, placide, poursuivit son cours :

— Il y a quinze ans que le peyotl a été, pour la première fois, l'objet de recherches scientifiques dans les laboratoires d'Europe. Et puisque cette question spéciale vous intéresse tout les deux, je vous conseille vivement de lire l'ouvrage fort bien fait qu'un pharmacien français connu, M. Alexandre Rouhier, consacra au végétal-dieu des Indiens, Huichahs et Nahuatl... La lecture en est attachante, captivante comme celle d'un roman.

— Je l'ai parcouru, déjà, dis-je, las de mon rôle de muet.

Nobody noya ma remarque sous le flot presque intarissable de son débit régulier.

« Les savants, donc, sont parvenus à isoler, à conserver les alcaloïdes du peyotl, comme ils l'ont fait de la morphine, extraite, *as you know*, de l'opium et de la cocaïne qu'on tire, vous le savez, de la coca.

« Comme de juste, ces alcaloïdes qui ont l'avantage appréciable d'être faciles à administrer, n'ont pas exactement les mêmes propriétés que le peyotl.

« Deux d'entre eux, relativement assez commode à obtenir, la *muscaline*, la *peyotline* ont pour effet de provoquer des phénomènes colorés d'une intensité fantastique, mais n'agissent point sur la mémoire et ne recréent point le passé.

---

1. Whisky sec.

« Au contraire la *lophophorine*, alcaloïde beaucoup moins stable, d'une préparation compliquée, très toxique à dose normale, provoque lorsqu'elle est employée à la dose homéopathique une recrudescence de souvenirs absolument irrésistible. »

Le visage de James s'éclaira d'un sourire un peu ambigu.

Ce fut exclusivement à moi qu'il parut, dès lors, s'adresser.

— Vous n'êtes pas sans savoir, *old chap*, que la grande administration dont je fus l'instrument zélé, pendant un très grand nombre d'années, possède les plus perfectionnés des laboratoires d'analyse.

« Le peyotl naturellement *devait* occuper nos chimistes.

« Vous comprenez pourquoi, n'est-ce pas ?

« Et nous n'eûmes qu'à nous louer, maintes fois, de la *lophophorine*. »

— Comment peut-on s'en procurer ? insista Vera Petrovna, dont la voix chantante avait pris des inflexions presque tragiques.

— Si l'usage du peyotl devait se répandre dans le public, répondit doucement le vieux James, il y produirait des ravages beaucoup plus grands, à lui tout seul, que toutes les autres drogues réunies, aussi les rares laboratoires qui produisent la *lophophorine* sont-ils étroitement contrôlés. Et l'emploi n'en est toléré qu'à doses infinitésimales dans tels produits pharmaceutiques.

« Cinquante bouteilles de… »

(Il cita une spécialité connue, recommandée aux asthéniques, aux gens épuisés nerveusement.)

« …une fois distillées, comme il faut, vous donneront un résidu très suffisant, pour l'expérience que vous paraissez méditer… »

Le sourire pickwickien se joua, de nouveau, sur les lèvres pleines, « si par hasard je ne parviens pas à trouver dans le fouillis de ma mallette de cabine l'échantillon de plusieurs grammes que me confia mon vieil ami Johnny Langford, le *chief chemist* de l'Intelligence Service ! »

Quittant son ton et son aspect professoral inhabituels, James Nobody redevenait, pour quelques minutes, lui-même, avant de reprendre le faciès, les expressions, de William Sleets.

Ce fut d'une main paternelle qu'il effleura la joue, très pâle, de la petite infirmière russe.

— Je comprends, *little girl*, dit-il. Et j'approuve…

« Puisse le procédé que je vous indique réussir. Croyez-moi, il est infaillible, lorsqu'on sait comment l'employer. »

Une soudaine résolution parut dans les yeux gris d'acier de la jeune fille au front lisse.

— N'ayez crainte, je saurai, Monsieur, affirma-t-elle, en se levant. Et les trois frères qui m'aideront n'en sont point à leur coup d'essai.

« De même que moi ils ont juré, sur l'icône triplement sacrée de Saint-Séraphin de Sarof, de réussir ou de périr ! »

Et celle que la jeunesse russe blanche vénérait fanatiquement, celle qui avait voué son charme, sa beauté, sa virginité à la cause du défunt tzarisme, comme on entre en religion, celle qui, pour lors, ne songeait plus qu'à retrouver ou à venger le général Koutiépoff, répéta solennellement :

— N'ayez crainte. Je réussirai !

* * *

Cette chasse au canard sauvage, dans les roseaux du lac Moëlar, m'a laissé, à la vérité, un souvenir inoubliable.

Ravi de retrouver son hôte de l'*Asgärd*, si vite rétabli, le baron von Bautenas avait accédé, tout de suite, au caprice du convalescent vigoureux qu'était William Sleets et donné les ordres nécessaires pour que l'équipée fût fertile en émotions cynégétiques.

La « Mercédès » du baron balte était, dans son genre, aussi belle et aussi racée que son yacht, et lorsqu'elle rangea le perron de l'hôtel Dagmar, vers sept heures, ce jeudi 2 mars, — un mois, jour pour jour, rappelons-le, après l'enlèvement mystérieux du chef suprême de Russes Blancs, — nous ne pûmes faire autrement que d'en admirer l'élégance, lai souplesse silencieuse, la ligne.

Le conseiller, très bon fusil, paraissait d'excellente humeur. Elsa Eriksenn eût rendu des points à Diane chasseresse.

Ni l'un ni l'autre ne semblaient regretter Ivar Kreuger, lequel attendait, paraît-il, une réponse urgente de Paris à sa proposition de prendre le monopole des allumettes en se substituant pour ce faire aux Contributions indirectes.

Inutile d'affirmer, n'est-ce pas, que nous étions déjà fixés sur la nature de celle-ci. Ce serait sortir du sujet !

Donc, tandis que les doubles vitres de la voiture se givraient, les roues, abandonnant les voies d'une banlieue riante et coquette — dans son décor d'arbres toujours verts — s'engageaient sur le goudron lisse de superbes routes forestières.

Des heures nous roulâmes, encaissés entre deux falaises de pins noirs, puis ce fut la région des lacs, dont l'eau scintillait immobile entre les troncs clairs des bouleaux, cette eau, miroir pur qui reflète intégralement le bleu du ciel, naïf comme un regard d'enfant !

Même Bautenas, qui, pourtant, n'avait guère l'âme d'un artiste, se taisait, gagné, peu à peu, par le grand silence frémissant de cette nature hivernale, dont le passage aérien de la voiture troublait à peine l'atmosphère translucide et sèche, d'une extraordinaire clarté.

Le mystère de ce monde vierge, semblait-il, de tout contact, de toute pollution humaine, avait quelque chose de troublant et d'un peu grisant à la fois.

Et j'avais l'impression subtile d'être le premier explorateur d'une région enchantée de rêve !

Féerique elle l'était, merveilleuse, mais hallucinante, à la fois, par cette constante répétition de paysages toujours pareils.

Ces sapins, ces bouleaux, ces lacs se ressemblaient, se confondaient, avec ce qui devenait presque une identité de cauchemar. N'avais-je point l'angoisse de tourner continuellement dans la même aire ?

Aussi, bien que la cuisse chaude, sous la jupe très courte d'Elsa, n'eût guère cessé, depuis Oslo, de s'appuyer contre la mienne, grâce à la molle complicité de la couverture d'opossum, éprouvai-je quelque soulagement quand la « Mercédès » s'arrêta.

Il nous fallut franchir, à pied, une soixantaine de mètres au milieu des roseaux gelés, en bordure du lac Moëlar, pour atteindre la glace transparente aussi solide qu'une banquise.

Comme nous avions quitté la rive, le cri aigre d'une chouette attardée emplit, à trois reprises, l'air sec et pétillant comme du champagne, de son hululement lugubre.

Bautenas dressa l'oreille, s'arrêta, scruta les taillis avec une certaine inquiétude, puis, haussant ses épaules larges, rejoignit le faux William Sleets.

Elsa avait pâli un peu, s'était accrochée à mon bras.

— Vilain présage ! dit-elle, nerveuse. Vous allez vous moquer de moi, m'accuser de superstition ; mais les vieilles femmes de chez nous disent que c'est là un signe de mort.

Je la rassurai de mon mieux, avec toute la galanterie dont était capable ce Gadger qu'il me fallait personnifier !

Nobody avait dû répondre à une réflexion analogue, car je l'entendis déclarer, assez haut, avec un gros rire :

— Intersigne, si vous voulez, mais fâcheux uniquement, je gage, pour les infortunés canards qui tomberont sous notre plomb !

Il se tourna vers moi :

« N'est-ce pas ?

Et son clin d'œil, un peu moqueur, qui pouvait être interprété comme une raillerie, pas méchante, de la « crédulité » du Balte, voulait dire, pour moi tout seul :

— *All right !* Nos gens sont en place ! Qu'ils tâchent de ne pas le rater !

*
* *

Trois cabanes de roseaux séchés avaient été, tout récemment, construites sur les ordres du baron, pour recevoir ses invités.

Elles se dressaient, au milieu de la végétation aquatique, extrêmement dense qui les masquait, à deux cents mètres l'une de l'autre, sur une espèce d'îlot, auquel on pouvait, par la glace épaisse, accéder, maintenant, à pied sec,... îlot à l'intersection des deux principaux bras du lac, vers lequel, dans quelques instants, deux fortes équipes de rabatteurs, montant des pétrolettes bruyantes, rabatteraient les vols de canards par les chenaux d'eau encore libre.

— Vous me tirez au sort, Messieurs ? proposa Elsa, toute rieuse, en cassant trois brindilles de jonc aussi friables que du verre. Celui qui tirera la plus courte m'aura pour plus bel ornement de son *wigwam* (1) jusqu'à midi. Je serai sa *squaw* dévouée ! Je rechargerai son fusil et j'irai chercher son gibier !

Hasard ou ruse féminine ?

Ce fut à moi qu'échut la palme !

Bautenas fit bien un peu la grimace, à la pensée que je demeurerai en tête à tête, deux grandes heures durant, avec celle qui était la « perle de son œil ».

Mais il feignit de partager l'opinion de Nobody qui proclamait

— Des hécatombes consolatrices nous sont promises ! Perdant au joli jeu d'Éros, nous gagnerons au jeu de Nemrod !

*
* *

---

1. Hutte indienne.

Il faudrait, certes, qu'on m'inocule une forte dose de *lophophorine*, pour me contraindre à évoquer les délicieux souvenirs que je conserve de ces cent vingts si précieuses minutes, passées auprès de la trop tendre Elsa, dans la petite hutte si chaude, si douillette, du lac Moëlar !

Le fait que se jouât, d'autre part, une partie autrement sérieuse, dont l'enjeu me tenait à cœur, — cela à deux cents mètres de moi, — ne m'empêcha aucunement de savourer les avantages que je tenais des circonstances et de l'état... d'esprit charmant de ma partenaire de chasse !

« *Carpe Diem !* » « Profite de l'heure ! » Le conseil de l'épicurien est une maxime de mon métier !

Que l'on n'aille point croire, cependant, que mon hammerless ait chômé !

Car mon tableau, déjà... royal, s'allongea d'une liste honorable, sitôt les premières « passées »1

Eros, loin de troubler mon tir, lui donna plus de fermeté.

Au fait, je m'appliquai, d'ailleurs, à mettre, en tout, les bouchées doubles...

...L'émoi où nous avait jetés notre triomphe mutuel,... la satisfaction délicate d'un désir longtemps partagé, empêcha Elsa Eriksenn de se rendre compte, tout de suite, qu'au cinquième passage de canards, Sleets était le seul à tirer.

— Prends garde, me dit-elle, tout à coup, écartant mes lèvres des siennes.

« *Il* s'est douté de quelque chose. *Il* a quitté son poste. Écoute. On n'entend plus sa carabine. S'il nous voyait, s'il nous a vus ! Il est jaloux si tu savais. Il serait capable de tout, et même... de nous abattre d'un coup de feu ! »

Il n'y eut rien à faire pour chasser cette insidieuse inquiétude.

Comme le silence, intriguant certes, de la winchester persistait, — cette winchester dont le baron nous avait vanté les prouesses, et qui aux quatre premiers vols n'avait guère cessé de tonner, — Elsa nerveuse n'y tint plus.

Une certitude valait mieux que cette insupportable angoisse.

Elle voulait sortir, aller voir !

S'*il* nous avait vus, qu'importait !

S'*il* nous avait épiés, tant pis

S'*il* nous guettait pour nous frapper ? Eh, nous n'aurions là, après tout, que le châtiment de nos fautes !

Ah ! On l'y reprendrait, encore, à risquer sa situation, sa vie même, pour un étranger.

❊
❊ ❊

Quoique la chouette eût, de nouveau, chuinté, à deux reprises cette fois, je dus affecter la surprise la plus grande, lorsqu'en pénétrant dans la hutte de Bautenas, au sol jonché de douilles vides, nous constatâmes l'inexplicable disparition du conseiller.

Ni mes appels, ni ceux, puissants, stentoriens, du pseudo-Williams, ni les supplications d'Elsa, bientôt en larmes, désemparée, ne provoquèrent le moindre écho.

Après une battue, qui dura vainement jusqu'au crépuscule,... battue à laquelle se joignirent le chauffeur de la Mercédès et des bûcherons, attirés par nos inutiles clameurs, il nous fallut bien regagner Stockholm, avec l'automobile.

Ce que la presse scandinave devait appeler, le lendemain, « la nouvelle affaire Koutiépoff » commençait, à la vérité.

Affaire qui bafoua les limiers les plus fins de la police balte et de la police suédoise, travaillant en rivalité.

Les eaux du lac ne rendirent point le cadavre du conseiller du dictateur Valdéméras !

Tel celui du général blanc, disparu juste un mois plus tôt, il sembla s'être étrangement, bizarrement, volatilisé !

...Ajouterai-je qu'inconsolable de la perte d'un compagnon cher, Elsa Erikssen refusa de revoir l'ingénieur yankee qu'elle tenait, définitivement, pour responsable de son deuil.

Si convaincue qu'elle fût qu'Otto s'était suicidé, aussitôt qu'il avait — malencontreusement — dû constater son... infortune, elle accepta finalement, dans la première semaine d'avril, les hommages fleuris et dorés du roi des allumettes : Kreuger !

L'Asgärd, — débaptisé, — rebaptisé d'un nouveau nom, — trop connu, depuis, du Lloyd, — servit à leur... voyage de noces.

Certains Slaves sont de grands enfants.

Ils ont une propension fâcheuse et infiniment regrettable à casser les plus beaux joujoux !

Ceux qui savaient pareillement imiter le cri de la chouette ajoutèrent, à notre insu, et de leur propre autorité, une finale au scénario que nous avions minutieusement et très exactement réglé.

Mon grand-père maternel, qui fut un des maîtres encore admirés de la psychophysiologie, répétait, assez volontiers, un aphorisme dont la très belle Vera Petrovna Vassilief fut la vivante illustration.

— Méfie-toi, petit, disait-il, — alors que bachelier, à peine, je me croyais homme, pour avoir fréquenté quelques habituées des brasseries du Quartier Latin, — méfie-toi des femmes, mais surtout souviens-toi que les plus dangereuses sont celles à qui l'on donnerait le Bon Dieu, oui, sans confession ! Fuis comme la peste celles qui ont l'air d'anges blonds descendus du ciel !

...Peu importe comment je l'ai su, mais je sais qu'il y a actuellement, dans un asile de Léningrad, un fou qui intrigue fortement l'illustre professeur Pavloff, le psychiatre le plus en vue, aujourd'hui, de l'U. R. S. S. et son assistant Iléguine, l'un des « as », à n'en pas douter, de la psychopathologie.

Le sujet en question, inscrit sous le numéro 3008, porte sur le corps des cicatrices identiques à celles de déments, déjà pensionnaires de l'asile... et qui y furent expédiés, après un séjour prolongé dans les prisons de la Tchéka.

On constate le même prélèvement de lanières de chair sur le dos, sur la poitrine et sur les cuisses.

Les dents ont été arrachées, — avec des morceaux de mâchoires, — ainsi que les ongles des mains... les orteils ont été brisés, les deux oreilles tranchées à ras.

L'homme, pourtant, n'a jamais été confié aux « commissions spéciales ».

Aucun registre officiel ne mentionne son signalement, avant qu'il n'ait été trouvé, — ses plaies déjà cicatrisées, — par les gardes rouges, chargés de faire évacuer, chaque soir, le mausolée où dort Lénine, sous son sarcophage de verre.

Les autorités n'ont jamais réussi à l'identifier, tant les joues, le front et le cou, les doigts et les paumes des mains ont été brûlés par l'acide !

Son hébétude demeure totale.

Mais il présente quelquefois d'étranges troubles vaso-moteurs qui font croire aux deux médecins qu'il a été intoxiqué, à une période de sa vie, par des alcaloïdes puissants, des alcaloïdes végétaux se rattachant à la série... $C^{13} H^{17} O^3 N$!...

Assurément Koutiépoff a été congrûment vengé !

Chapitre IV

L'Homme aux gants verts.

Ce ne fut pas seulement en Suède, en Lettonie et en Finlande que la disparition totale du conseiller Bautenas provoqua de l'émotion.

Des esprits beaucoup plus subtils, perspicaces, que les journalistes et les policiers scandinaves s'appliquèrent à résoudre l'énigme.

Je tiens à laisser au « vieux James » la paternité intégrale de ce jeu de mots détestable

— *Don't Worry* (1) ! Ils en resteront *verts* !

De fait, si jamais on ne sut ce qu'il advint de Koutiépoff, jamais on ne connut, non plus, — hormi de rares privilégiés, — le destin du baron Otto !

*
* *

...Cavalière, sur la côte des Maures est, au centre d'un amphithéâtre de montagnes harmonieuses, boisées, le séjour le plus enchanteur qui se puisse rêver, en mars, pour ceux qui aiment la solitude.

L'hôtel minuscule, sur la plage, ombragée de pins parasols, où nichent des milliers d'oiseaux, semble un Éden en miniature et les sentiers, fleurant le myrte et la résine du Cap Nègre, au flanc des roches rouges que caresse la mer transparente et trop bleue, constitue pour les derniers dieux qui ont survécu à l'Olympe le séjour le plus adéquat.

N'ai-je pas cinquante fois cru surprendre, dans l'écume, d'une calanque déserte, le corps onduleux d'une sirène ?

N'ai-je point entendu, vers le soir, résonner, sur la crête ombreuse, la flûte du divin Chèvre-pied ?

A longueur de jour, installés dans quelque coin bien isolé de la pinède maritime, devant des chevalets, portant des toiles hâtivement barbouillées,

1. T'en fais pas !

— déguisés en peintre, avatar qui permet, sans qu'on s'en étonne, certaines excentricités, — James et moi, nous déchiffrions les nombreux feuillets recouverts d'une sténographie fort nette, expédiés à l'intérieur d'une boîte de tubes de couleurs fines, sous l'étiquette de Paul Foinet, le marchand de la rue Bréa.

...Bautenas avait été particulièrement loquace.

Ses divagations comportaient un considérable fatras pour quelques révélations utiles.

Encore celles-ci s'enveloppaient-elles de brume, de brouillard, de fumée !

Sous l'influence du peyotl, il avait parlé, *mais pour lui*, s'exprimant plus par allusions que par expressions objectives.

Et nous eussions, je le crains bien, « séché », comme on dit vulgairement, si je n'eusse possédé une clef !

Cela m'a servi quelquefois d'avoir été anthroposophe !

Cette secte est un schisme récent de la fameuse société théosophique d'Adyar, dans l'Inde.

Mais, tandis que le mouvement théosophique contemporain — dont l'influence occulte est grande — s'est toujours développé selon des directives britanniques, les anthroposophes, au contraire, ont eu pour premier fondateur un Hongrois, Rudolf Steiner, médecin d'une grande intelligence et d'une science encyclopédique, qui, selon des gens renseignés, aurait eu un moment des attaches avec l'illustre Compagnie de Jésus... ce que je crois vrai !

...J'avoue qu'à l'époque où je fus affilié à cette société, les origines de Steiner m'intéressaient, certes, beaucoup moins que son activité dans l'ordre politique... politique secrète !

Quoique très jeune, en ce temps-là, l'instinct qui devait m'entraîner à poursuivre ma carrière actuelle me poussait déjà à tâcher de me rendre compte des mobiles du sujet de François-Joseph.

Il m'apparut très vite que, sous prétexte de ressusciter, de restaurer la Rose-Croix, il cherchait, surtout, à unir un grand nombre de « petites chapelles » de « petites fraternités », de groupement ésotériques en un bloc germanophile qui s'opposerait aux tendances anglo-saxonnes des théosophes.

Je conterai, peut-être, quelque jour la lutte sournoise qui s'engagea entre les forces antagonistes et quelle fut sa répercussion sur les destinées de l'Europe, de l'Amérique et de l'Asie !

Il suffit qu'on sache, pour l'instant, que je fus, par ordre de mes chefs, un des prosélytes modèles de la « croisade steinerienne », puisqu'on m'octroya la rose d'or, insigne rare du grade suprême, accordé aux seuls dirigeants du « Comité supérieur »

Les disciples du médecin hongrois, — au nombre desquels il faut ranger le célèbre Jules Sauerwein, l'ancien directeur des services étrangers du *Matin*, entre autres, ne semblent pas avoir continué sa croisade pangermaniste.

Ils s'attachent, presque uniquement, aujourd'hui, à déterminer les connaissances qui permettent d'étudier la constitution profonde et secrète de l'homme.

Si j'ai continué longtemps à payer ma cotisation, ce n'est point, certes, que mes loisirs me permettent de me passionner pour d'aussi fallacieuses recherches

Mais pour nous autres « gens de l'ombre », il peut être extrêmement utile de conserver des relations dans les sociétés occultistes.

Le milieu est une pépinière merveilleuse, on voudra m'en croire, d'indicateurs de toute espèce. On y peut recruter, sans peine, autant d'agents provocateurs et plus même qu'on en peut souhaiter,… autant d'espions de bas étage, susceptibles de toutes les besognes.

Seulement, ils ne sont pas toujours d'une excellente qualité.

Les pratiques ésotériques — et c'est là leur moindre défaut — émoussent, très vite, le sens critique et ces gens-là prennent trop souvent leurs désirs, leurs velléités pour des réalités tangibles !

Il n'est pas un anthroposophe, un occultiste de qualité, qui n'ait fréquenté, en son temps, la fameuse *Villa Bleue*, à Nice !

La comtesse P… accueillait, avec quelle bonne grâce infinie et quelle majestueuse dignité, tous les curieux de l'« Au-delà » qui venaient sonner à sa porte.

On pourrait seulement regretter que sa bonté, par trop foncière, et son mépris des contingences l'aient portée à tenir le goût, voire même la manie de l'occulte, pour brevet d'honnêteté !

On rencontrait dans ses salons — et c'est ce qui m'y attirait — du meilleur et aussi du pire.

Cette noble et excellente personne a-t-elle jamais pu soupçonner les intrigues compliquées et louches qui se nouaient tout autour d'elle ?

Son mari traduisait les auteurs scandinaves, une de ses parentes Rudolf Steiner. Elle même cherchait la vérité, avec une bonne foi touchante, s'entichant de gens convaincus et parfaitement honorables aussi bien que de charlatans, de coquins ou bien de filous, sans le moindre discernement.

C'est chez elle que j'ai connu un certain nombre de « grands adeptes » qui ne vivaient pas seulement aux crochets de son compte en banque, mais qui émargeaient, également, aux fonds secrets de dix pays, les servant ou les trahissant, tour à tour, suivant leurs lubies ou leur intérêt immédiat.

Inayat-Khan,… Gourdjieff… Dennis, raconterai-je vos plus belles histoires ?

On m'accuserait probablement de romancer mes souvenirs et de faire du roman-feuilleton !

Et pourtant qu'il y aurait à dire sur tes hôtes, étrange Villa Bleue !

…Parmi ces fantoches, plus ou moins redoutables, un individu, d'un grande envergure, celui-là, se détache en tout premier plan.

Au cours du séjour de six mois qu'il fit chez la comtesse P…, il édifia ou stupéfia, comme on veut, le cercle habituel par l'étalage de ses dons magnétiques extraordinaires.

Il m'enseigna beaucoup de choses.

J'en appris davantage encore, sur son compte, quand je parcourus, à la Sureté générale, son dossier extrêmement complet, aux mêmes initiales que les miennes. Je préfère lui donner le nom qu'il portait alors, Dordji-Den.

C'était un lama thibétain de la secte dite des Bonnets Rouges,… pour les initiés un Dzog-Tchène.

Il ne célait aucunement qu'il était d'origine sémite, mais il donnait des preuves patentes de l'initiation lamaïque supérieure qu'il avait reçue au monastère de Séra, à proximité de Lhassa, la ville sainte du Bouddha vivant.

Le plus drôle, c'est qu'à cette époque, il ne mentait peut-être pas !

D'ailleurs, — et cela fait sa force, — cet homme-là est toujours sincère.

Est-ce sa faute si les circonstances le contraignent, assez fréquemment, à changer de sincérité !

…Crasseux à souhait, il ne manquait point d'allure, sous son costume qui rappelle, par bien des côtés, celui de ces prêtres nestoriens qui s'enfoncèrent, avec leur schisme, dans les profondeurs de l'Asie, poursuivis qu'ils étaient, alors, par la vindicte du Basileus !

FIG. 11.

Le lama Djordji-Den, dont l'enseignement devait m'être si utile dans ma lutte contre le « Dragon Vert ». — Il tient à la main un *theu-threng* composé de cent huit rondelles d'os, découpées dans cent six crânes humains.

Il m'avait pris en sympathie, très ouvertement, en raison de mes connaissances assez vastes en matière d'ésotérisme, connaissances inattendues chez un ingénieur du génie maritime du port de Toulon — rôle que j'avais choisi de jouer et qui me valut, d'autre part, dans ce même monde assez mêlé, de jolis succès féminins !

En échange de quelques « tuyaux », que je me laissai arracher sur nos plus récents submersibles, il me combla d'explications inédites sur la symbolique assez spéciale de son costume.

J'appris par lui le sens exact du trident des sorciers tantriques, qu'ils appellent le *doung khatan*,... je sus distinguer le degré d'initiation d'un lamaïste, rien qu'à sa façon de porter le *kangling*, sorte de trompette, taillée dans un fémur humain ;... j'appris à saluer selon la formule triplement sacrée : « *kale jou den jag* » et je pus me draper, aussi bien que lui, dans le *zen*, cette sorte de toge, apanage des moines de sa secte.

...J'eus plus de mal, il faut l'avouer, à me procurer un *theu-threng*, ce chapelet qui sert au lama pour égréner des litanies interminables, ponctuées de pieux *Om mani padme hung* (oh ! le joyau dans le lotus !) et je dus même payer du plan d'une torpille automobile (qui ne fut jamais en service) cette enfilade de cent huit rondelles d'os étroitement serrées, rondelles plates, découpées chacune dans un crâne humain différent !

Cent huit, exactement. C'est là le nombre rituel par excellence.

...Pourquoi, alors, Bautenas avait-il nettement spécifié, à trois reprises différentes, dans ses révélations forcées, *que le theu-threng, servant de signe de reconnaissance à ses pairs, devait avoir cent dix rondelles ?*

Il s'agissait maintenant, d'abord, de truquer mon chapelet à moi, afin qu'il pût continuer de paraître authentique à ceux qui auraient à l'examiner, puis, — chose plus difficile encore, — de s'en procurer un deuxième qui ne risquât point d'être pris pour une grossière imitation.

...Une visite intéressée, à l'une des personnes qui connaît le mieux le Thibet mystérieux et qui habite, quelque part sur la route de Nice à Digne, une paisible retraite, que l'on nomme, là-bas, la Villa du Silence, nous procura des renseignements qui nous furent extrêmement précieux pour la suite de notre mission — mission de plus en plus spéciale ! — mais, malgré l'intercession chaleureuse de sa secrétaire, la si complaisante Miss Spinly, notre hôtesse, Mrs David-Neel, ne crut point devoir se défaire des *theu-threngs* qui lui furent donnés par le lama Yong-Den !

...Nous songions très sérieusement — car, à vrai dire, le temps pressait — à cambrioler les vitrines de la collection Jacques Bacot, qui se trouve au Musée Guimet, quand une information, parue dans une revue ésotérique, m'apprit que mon ami M. R.(1) était de retour à Paris, après un séjour de trois ans au monastère lamaïque de Chorten-Nyama, sanctuaire et résidence vénérée d'un des quatre Boudhas vivants !

M. R..., mis dans la confidence, nous procura, en quelques heures, — avec enthousiasme, — les objets dont nous pouvions avoir besoin... et nous assura que ceux-là qui examineraient nos *theu-threngs*, fort habilement modifiés, les trouveraient chargés du fluide, impondérable pour le commun, mais qui les ferait reconnaître comme authentiques aux initiés qu'il nous faudrait d'abord convaincre...

※
※ ※

Forts des précisions obtenues de notre « alliée » Irma Staub, à la suite d'un télégramme, d'allure innocente, envoyé, quatre jours plutôt à Simla, nous pûmes donc gagner Berlin, après un court crochet à Londres.

Quel est ce sage qui a dit qu'à mesure que la religion perdait des fidèles... les tarots, le marc de café en gagnaient !...

Le seul métier qui ne chôme pas, dans toute l'Allemagne, à l'heure actuelle est celui de devin, ou bien de fondateur de sectes occultes.

Depuis la guerre, le Reich est miné, à la vérité, par une foule de « petites chapelles », plus ou moins magiques, dont beaucoup touchent à la magie la plus noire !

Les « grandes vedettes » comme Keyser-ling, comme Bo-Yin-Ra, ne nuisent en rien aux « utilités » ; au contraire.

Un peu de leur lustre rejaillit sur les « sorciers à 25 marks » qui pullulent, d'ailleurs, aussi bien aux abords d'Unter-den-Linden, qu'aux faubourgs sales de Moabit.

A l'époque où nous nous trouvions descendus à l'hôtel Adlon, le plus notoire des « Mages » en vue, — parce que sans doute le plus cher, — était celui qu'un reporter de la *Berliner Zeitung* avait surnommé, à la suite d'une in-

---

1. (note de Lenculus) Initiales de M. Marqués Rivière.

terview retentissant, « *Der Mensch mit den grünen Handschuen* », autrement dit, *l'Homme aux gants verts*.

Il était patent que des hommes de l'envergure d'Hugenberg allaient parfois le consulter et n'avait-il pas, dans la Presse, prédit, à trois reprises déjà, le chiffre exact des Hitlériens que des élections contestées, pourtant âprement, envoyaient siéger au sein du Reichstag !

...Or nos déductions — (contrôlées par des recoupements minutieux) — fondées sur les révélations arrachées à Bautenas, nous avaient conduit à penser que le personnage en question, qui opérait König's gasse, devait être l'aboutissement logique de notre enquête tenace.

*
* *

Le salon d'attente tout ouaté, tout capitonné de soieries, de l'espèce de petit hôtel particulier, en cette impasse où mouraient les bruits de Berlin, contenait d'authentiques merveilles.

Les bas-reliefs noir et or de la deuxième dynastie Han, — représentant les enlacements successifs de Nieu-Koual et de Fou-Hi,... les avatars fort singuliers de Houang-Ti,... le cortège du Tigre blanc, rendant visite à Lao Tseu, — les bronzes de l'époque des Wei,... les porcelaines du règne de Wou, n'eussent point déparé les trésors de la collection Ségalen.

Le parfum âcre et doux, sucré, de tubéreuses, qui régnait, la lumière de grotte ou de temple, contribuèrent, très vite, à nous mettre, en quelque sorte, hors du temps, hors de notre monde occidental.

Il me sembla que, peu à peu, ma volonté se diluait, se dissolvait, que je perdais le contrôle de ma volonté.

Il me fallut toute l'énergie dont j'étais capable pour tenir, pour résister à cette emprise sournoise, insidieuse, déprimante.

Et je sus gré à Nobody, dont les nerfs britanniques sont moins — beaucoup moins — sensibles que les miens, de m'avoir asséné, soudain, un direct en pleine poitrine, moyen brutal, mais assuré de me faire reprendre mes esprits.

L'apparition du majordome asiatique, qui, sans un mot, nous tendait un plateau d'argent, afin d'y recevoir nos cartes, acheva de me galvaniser.

Et je souris de l'effarement qui parut sur sa face camuse, — qui y remplaça le mépris fort évident où il semblait tenir les deux Anglo-Saxons, au teint de brique, en flanelles grises, que nous étions apparemment, — lorsque, sur son plateau tendu, nous jetâmes, en guise de cartes, nos *theu-threngs* aux *cent dix* rondelles !

L'attente ne fut, d'ailleurs, pas longue,... le temps qu'il fallait, au plus juste, à un homme vif et entraîné pour compter les fragments de crânes et s'assurer, à deux reprises, de leur nombre inusité !

D'un pas tranquille nous suivîmes le domestique sous une voûte, gravîmes cinq marches, puis cinq encore.

Une tenture se souleva.

Nous étions, enfin, en présence d'un de ceux que nous recherchions, avec l'acharnement qu'on sait, depuis un peu plus de six mois !

Le premier jalon de la chaîne !

Non, le Bouddha Vivant d'Ourga ne peut avoir une attitude plus hiératique, plus majestueuse,... regard plus cruel, plus perçant et plus astucieux à la fois que l'espèce d'idole que nous vîmes, assis sur une sorte de trône, au fond d'une niche surélevée.

Dans la pénombre, ses ornements sacerdotaux lançaient des feux et scintillaient comme une « châsse ».

Mais je ne vis, dans cet ensemble, tout d'abord, qu'un détail, un seul, les gants verts, montant jusqu'aux coudes, et phosphorescents, d'une clarté semblable à celle des lucioles.

L'« homme aux gants verts » devait avoir — au prix de quel prodigieux, de quel pénible entraînement — conquis une absolue maîtrise sur le moindre de ses réflexes.

Quand il nous paria, pas un muscle de son visage ne frémit ; ses lèvres ne s'entr'ouvrirent même point.

J'eus l'impression désagréable qu'une voix humaine sortait de l'intérieur d'une statue peinte.

Et les yeux d'émail, immobiles, ne s'étaient même pas abaissés. Ils regardaient toujours au loin.

Les paroles, pourtant, furent nettes et prononcées, on peut m'en croire, en excellent anglais d'Oxford.

— Quoique vous ne soyez, Messieurs, ni l'un ni l'autre de ma race, la main verte vous est tendue, puisque vous apportez les clefs qui ouvrent les cent dix serrures du Royaume secret d'Aggharti.

« La *City* a-t-elle donc compris ses véritables intérêts ?

« Que ses ambassadeurs veuillent bien me dire ce qu'ils attendent de nous ! »

Ainsi nous étions bien en face d'un de ceux dont l'action occulte entraîne l'Europe vers le chaos. En face d'un de ces fameux *verts*, dont nous affirmons l'existence, en dépit des plaisanteries incrédules de ceux qui dirigent officiellement les nations.

Il nous restait à soutenir le rôle écrasant, formidable, dont nous venions de nous charger, sous le prétexte de négocier une entente entre la Grande Banque anglo-saxonne — cet ensemble d'intérêts complexes qu'on désigne d'un mot symbolique : la « City » — et ceux qui avaient animé ou bien supprimé, tour à tour, l'archiduc François Ferdinand, le fameux staretz Raspoutine, le dernier tzar Nicolas II, l'israélite Rathenau, le patriarche œcuménique Basil III, le général Koutiépoff, le financier Ivar Kreuger... combien d'autres, de moindre importance.

James répondit par quelques mots, sans que l'autre l'interrompît.

Puis cette fois les lèvres peintes remuèrent, l'éclat des yeux s'atténua :

— Entendu, demain à six heures.

« L'homme aux deux Z sera là ! »

TABLE DES MATIÈRES

Préface 7

PREMIÈRE PARTIE

Chapitre premier
La photo et l'icône. 9

Chapitre II
Phanar, septembre 1929. 27

Chapitre III
Orient-Express. 51

DEUXIÈME PARTIE

Chapitre premier
Nobody propose, l'Intelligence Service dispose ! 73

Chapitre II
A bord de l'*Asgärd*. 91

Chapitre III
Une histoire de chasse aux canards ! 103

Chapitre IV
L'Homme aux gants verts. 115

TABLE DES FIGURES

Fig. 1. — Déguisé en cuisinier du général Gaïda 13
Fig. 2. — Déguisé en pope à Ekaterinenbourg 15
Fig. 3. — Le Swastika de la Tzarine 19
Fig. 4. — Icône de saint Séraphin de Sarof 23
Fig. 5. — Cadavre embaumé de sa Béatitude Basil III 45
Fig. 6. — Irma Staub. 57
Fig. 7. — Catastrophe du pont de la Maritza 61
Fig. 8. — Duhamel, le gardien du phare d'Ailly 85
Fig. 9. — À bord de l'*Asgärd* 93
Fig. 10. — « Denier de Trajan » 99
Fig. 11. — La lama Djordji-Den 119

IMPRIMERIE BERGER-LEVRAULT, NANCY–PARIS–STRASBOURG — 1933.

Pour plus de documentation :

www.the-savoisien.com
www.pdfarchive.info
www.vivaeuropa.info
www.freepdf.info
www.aryanalibris.com
www.aldebaranvideo.tv
www.histoireebook.com
www.balderexlibris.com

www.ingramcontent.com/pod-product-compliance
Lightning Source LLC
LaVergne TN
LVHW091557060526
838200LV00036B/886